www.ingramcontent.com/pod-product-compliance
Lightning Source LLC
LaVergne TN
LVHW010817051026
849532LV00007B/2564
* 9 7 8 9 3 6 9 0 8 1 3 1 8 *

# غزل نما

(حصہ : اول)

مرتبہ:

ادا جعفری

**Ghazal Numa : Part-1**

by: Ada Jafri

Edition: August '2025
Publisher :
*Taemeer Publications LLC* (Michigan, USA / Hyderabad, India)

ISBN 978-93-6908-131-8

9 789369 081318



| | | |
|---|---|---|
| کتاب | : | **غزل نما** (حصہ:1) |
| مصنفہ | : | **اداجعفری** |
| صنف | : | شاعری |
| ناشر | : | تعمیر پبلی کیشنز (حیدرآباد، انڈیا) |
| سالِ اشاعت | : | ۲۰۲۵ء |
| صفحات | : | ۱۲۰ |
| سرورق ڈیزائن | : | تعمیر ویب ڈیزائن |

# فہرست

# پیش لفظ

'غزل نما' کا سلسلہ محترم مشفق خواجہ صاحب کی فرمائش پر شروع ہوا تھا اور ان کا کرم کہ اس کے لیے کتابیں بھی وہ اپنی گرانقدر لائبریری سے مہیا کرتے رہے۔ میں صمیم قلب سے ان کی شکر گزار ہوں۔ کتابوں کی یہ سہولت میسّر نہ ہوتی تو میرے لیے اس سلسلے کو جاری رکھنا ممکن نہیں ہو سکتا تھا۔

'غزل نما' میرے لیے کئی لحاظ سے پُر کشش رہا۔ حکایت دلچسپ ہو تو اسے دہرانا بھی اچھا لگتا ہے۔ یہاں یہ واضح کر دینا بھی ضروری ہے کہ میں نہ اردو شاعری کی تاریخ لکھ رہی ہوں نہ اردو زبان کی۔ میں صرف اپنے تاثرات بیان کرنا چاہتی ہوں۔ ان اشعار کے جھروکوں سے میں نے تسلسل کے ساتھ کئی صدیوں کا نظارہ کیا۔ زبان کے ارتقائی مدارج اور اُس معاشرے کے خدوخال سامنے آئے معروف اساتذہ اور مشاہیرِ سخن سے ہم سب آشنا ہیں۔ لیکن اہلِ سخن کے اس کارواں میں کچھ ایسے آبلہ پا بھی شریکِ سفر تھے جنھیں بہت جلد فراموش کر دیا گیا۔ وجوہ کئی تھیں۔ میری نگاہ میں وہ معاشرہ اور وہ ماحول بھی بہت سی کوتاہیوں کا ذمّہ دار تھا جس میں یہ لوگ زندگی بسر کر رہے تھے۔

ابتدائی دور کے کم معروف اور غیر معروف شعرا کے کلام میں اردو لفظ کو آنکھ کھولتے ہوئے اور اردو زبان کو پہلی بار سانس لیتے ہوئے دیکھنے کا بھی احساس ہوا۔ جب اظہار و ابلاغ کی ضرورت نے نئی زبان (اردو) نے نئے الفاظ اور الفاظ کو برتنے کے نئے رویّوں کو جنم دیا تھا۔ جیسا کہ ہم سب جانتے ہیں برِ صغیر میں فارسی خواص کی زبان تھی۔ دفتری اور شعر و ادب کی زبان بھی فارسی تھی۔ اس کے علاوہ عوام کی اپنی اپنی علاقائی بولیاں تھیں۔ جن کے امتزاج سے معاشی اور معاشرتی ضروریات کے تحت اردو وجود میں آئی۔ جس نے تمام زبانوں کے الفاظ کو اپنے دامن میں اس

طرح سمیٹ لیا کہ اس عہد کے سخنوروں نے انتخابات عوام تک پہنچانے کے لیے اسی زبان کا وسیلہ اختیار کیا۔ انھیں صدیوں کے درمیان کچھ نئے الفاظ پیدا ہوئے اور کچھ بے وجہ الفاظ مر گئے۔ نئے شعری رویّے اختیار کیے گئے، معراجِ کمال کو پہنچائے گئے اور پھر ترک کر دیے گئے۔ مثلاً ایہام گوئی۔

قدیم اردو شاعری کی وادیوں سے گزرتے ہوئے نظر آتا ہے کہ ابتدائی دنوں میں اردو شاعری کے حلقہ اثر کو وسیع تر کرنے کے لیے اساتذہ نے فارسی شاعری کے مضامین کو بھی اردو میں ڈھالا اور اس طرح اردو شاعری کے لیے ایک مانوس فضا قائم کی۔ دلچسپ بات یہ ہے کہ آج کئی صدیاں گزرنے کے بعد انگریزی شاعری اردو نظم کو ایک نامانوس لہجے سے بھی متعارف کروانے میں مصروف ہے۔

اس کتاب میں قاری کو چند ایسے شاعر بھی ملیں گے جو آج ذہن اور دل کو اپنی گرفت میں لینے سے قاصر ہیں۔ ان کے کلام کا انتخاب ان کے عصر کے حوالے سے ہے۔ یہ سب اپنے اپنے عہد میں اساتذہ کا درجہ رکھتے تھے۔ سب سے اہم بات یہ کہ 'غزل نما' اپنی سوچ کو حرف کا پیکر عطا کرنے والوں کے سفر کی روداد ہے۔ ان اشعار کا تقابل شاعری کے اعلیٰ فن پاروں سے جائز نہیں۔ سفر کے کس مرحلے پر کس کی سانس ٹوٹ گئی اور کس نے منزل کو جا لیا اس کا فیصلہ انفرادی صلاحیت پر بھی تھا اور حالات اور وقت کے ہاتھ میں بھی۔ اور آج یہ فیصلہ ہمارے سامنے ہے۔ انھیں صدیوں کے بیچ ہم میر، درد اور سودا کے کمالِ فن سے متعارف ہوتے ہیں۔

انتخابِ اشعار کے سلسلے میں بھی عرض کرتی چلوں کہ 'غزل نما' کتابی شکل میں ترتیب دیتے ہوئے اندازہ ہوا کہ مختلف شعرا کے منتخب اشعار کی تعداد مختلف ہے۔ یہ صورتِ حال میری جانب سے کسی ترجیحی بنیاد پر نہیں ہے۔ استفادے کے لیے جو کتاب مجھے مل سکی اور جتنا وقت میں اس کتاب کو دے سکی اس بنیاد پر یہ انتخابِ اشعار کیا گیا ہے۔

ادا جعفری	۲۴/۸/بی بلاک ۶
۱۹ر فروری ۱۹۸۶ء	پی۔ای۔سی۔ایچ۔سوسائٹی۔کراچی

# محمد قلی قطب شاہ

محمد قلی قطب شاہ گولکنڈہ کا پانچواں فرمانروا تھا۔

تاریخ پیدائش ۹۷۳ھ مطابق ۱۵۶۵ء۔ وفات ۱۰۲۰ھ مطابق ۱۶۱۱ء۔

محمد قلی نے قطب شاہ، معانی، ترکمان اور ان کے علاوہ کئی تخلص استعمال کیے۔

محمد قلی کی ضخیم کلیات پچاس ہزار اشعار پر مشتمل ہے۔ جس میں غزلیں، قصیدے (جو نعت اور منقبت پر مشتمل ہیں)، مثنویاں، رباعیاں، مرثیے وغیرہ تمام اصناف سخن موجود ہیں۔

دکنی ادب میں جو صنف تمام اصناف سخن پر چھائی ہوئی نظر آتی ہے، وہ مثنوی ہے۔ اس ادب کا بیشتر سرمایہ اسی صنف پر مشتمل ہے۔ دکنی ادب میں غزل کو ثانوی درجہ حاصل رہا۔ محمد قلی قطب شاہ دبستانِ دکن کا پہلا غزل گو شاعر ہے، جس نے سب سے پہلے صنفِ غزل کی جانب باقاعدہ توجہ کی ہے۔ اس کا مکمل دیوان بہت پہلے ہی مرتب اور مدون ہو چکا تھا۔ وہ اردو زبان کا پہلا صاحبِ دیوان شاعر ہے۔ ڈاکٹر محی الدین زور نے نہایت آب و تاب سے اس کا کلیات شائع کیا ہے، جس کی ضخامت اٹھارہ سو صفحات ہے۔

قدیم شعر و ادب کا سرمایہ ابھی تک ایک عام قاری کی دسترس سے باہر ہے۔ اردو شعر و ادب کی تاریخ کا یہ دور جو تین سو سال کے عرصے پر محیط ہے، اردو ادب کے شائقین کی خاطر خواہ توجہ نہیں حاصل کر سکا جس کی وجہ قدیم زبان اور قدیم

رسمِ تحریر اور متروک الفاظ ہیں۔ جو ان اشعار کو عام قاری کے لیے ناقابلِ فہم بنا دیتے ہیں اور بغیر فرہنگ مطلب تک پہنچنا ناممکن ہو جاتا ہے۔

ادبی نقطۂ نظر سے دکنی ادب میں ہر قسم کی تحریریں ملتی ہیں اور ایسی تخلیقات کی کمی نہیں ہے جو شاعری اور حسن کاری کے لحاظ سے گنج ہائے گراں مایہ کا درجہ رکھتی ہیں۔ تغزل، جذبہ، سوز و گداز، بے ساختگی، نغمگی یہ سب کچھ قدیم دکنی زبان کے شعراء کے اشعار میں موجود ہے۔

محمد قلی قطب شاہ مغل بادشاہ جلال الدین اکبر کا ہم عصر تھا۔ اس کا دربار عالموں اور صاحب کمالوں سے بھرا رہتا تھا۔ اس کے عالی شان ایوان امیر اور غریب ہر ایک کے لیے کھلے رہتے تھے۔

سلطان محمد قلی کو بچپن ہی سے شعر و شاعری سے دلچسپی تھی۔ اُردو اور فارسی کے اساتذہ کے کلام کے مطالعے کا بھی ذوق تھا۔ حافظ اس کے پسندیدہ شاعر تھے۔ اس نے متعدد غزلیں حافظ کے رنگ میں کہی ہیں۔ اپنے اشعار میں وہ اس کا اعتراف بھی کرتا ہے کہ حسینوں نے مجھے شعر گوئی کی طرف راغب کیا۔ وہ ایک حسن پرست شاعر تھا۔ اس کے اشعار میں تغزل کا جو رنگ اور جمالیاتی شاعری کا جو انداز ہے وہ اس زمانے کی دکنی شاعری میں بے نظیر ہے۔ اس کے بیان میں شیرینی اور حلاوت ہے۔ اس کا اسلوب اتنا سادہ، سلیس اور رنگین ہے کہ اگرچہ ایسے الفاظ تبدیل کر دیے جائیں جو اب مروج نہیں ہیں تو ہر شخص اس کے کلام سے محظوظ ہو سکتا ہے۔ یہ اشعار تین ساڑھے تین سو سال قبل کی تخلیق ہونے کے باوجود اپنا اثر رکھتے ہیں۔ وہ اپنے عہد کا ایک بہت بڑا شاعر تھا۔

قلی قطب شاہ کی واقعیت نگاری اور حقیقت پسندی اس امر سے بھی واضح ہے کہ وہ اپنے کلام میں محبوب کے لیے تانیث کا صیغہ استعمال کرتا ہے۔ عیش و عشرت

کا دلدادہ ہونے کے باوجود وہ اپنے مذہبی عقائد میں نہایت پختہ تھا۔ تقریباً اس کی ہر غزل کے مقطع میں بزرگانِ دین کے نام اور ان سے اظہارِ عقیدت ضرور ملتا ہے۔ چند اشعار میں صوفیانہ مضامین بھی ملتے ہیں۔

اس نے ہر قسم کے موضوع پر طبع آزمائی کی ہے۔ اس طرح اس کی شاعری اس کے عہد اور اس کے معاشرے کا مرقع نظر آتی ہے۔

اس کی فیاضی اور داد و دہش مشہور تھی۔ اس نے اپنی زندگی میں سب سے زیادہ رقم عمارتوں کی تعمیر میں صرف کی۔ شہر حیدرآباد کی تعمیر و تزئین اس کا ایک کارنامہ ہے۔ جہاں فن تعمیر کے نادر نمونے موجود ہیں کہتے ہیں کہ شہر اس نے اپنی ایک محبوبہ بھاگ متی کے نام پر آباد کیا تھا۔ اور پہلے اس کا نام بھاگ نگر تھا۔ بعد میں اس نے بھاگ متی سے شادی کر لی اور حیدر محل کا خطاب دیا تو شہر کا نام بھی حیدرآباد رکھ دیا۔

محمد قلی قطب شاہ کی ایک خصوصیت یہ بیان کی گئی ہے کہ اس نے اپنی تمام زندگی میں کسی کے قتل کا حکم نہیں دیا۔ اگر ایسا کوئی مقدمہ درپیش ہوتا تو فیصلے کے لیے دارالقضا کے سپرد کر دیا جاتا۔

کثرتِ شراب نوشی کی وجہ سے اکثر بیمار رہتا تھا۔ صرف سینتالیس سال کی عمر پائی

یہ انتخاب کلیاتِ محمد قلی قطب شاہ، مرتبہ ڈاکٹر سید محی الدین قادری زور (مطبوعہ ۱۹۴۰ء حیدرآباد دکن) سے کیا گیا ہے۔ اور "دکنی زبان" کے سلسلے میں "قدیم اردو کی لغت" مؤلفہ ڈاکٹر جمیل جالبی (مطبوعہ مرکزی اردو بورڈ لاہور) سے مدد لی گئی ہے۔

---

# انتخابِ کلام

سب اختیار میرا تج ہاتھ ہے پیارا
تجھ

پیا نے
جس حال سوں رکھے گا ہے او خوشی ہمارا
سے وہ ہماری

نیناں انجھوں سے دھوؤں پگ آپ پلک سوں جھاڑوں
آنسو پیر اپنے پلک سے
جے کوئی خبر سو لیاوے مکھ پھول کا تمہارا
جو لائے

پیا مجھ سے یوں مل کہ جل کھائے دو تن
رشک رقیب
میں ہوں تیرتی ماتی تو ہے میرا ماتا
دوانی دوانہ

حکایت پرم کا نکو مجھ سے پوچھو
پریم کا نہیں
پیا ہاتھ دے ہوں میں سب من کا بھاتا
دے چکی ہوں

نہیں امن خاطر مجھے وصل میانے
میں
کہ ہر دم مجھے برہ سائیں ڈراتا
جدائی

سکھی آپی تو سائیں کو سمجھاؤ نا
مندر میرے سمجھاؤ کر لاؤ نا

پیاری کا کرنا ہے من بھاؤنا
پیا مکھ بچن کے منگل گاؤنا

پیا ہاتھ میں ہے مرا اختیار
مینج اپنا کیا ہے وہ من بھاؤنا
مجھے

دیپا مشرق و مغرب میں جھلک درپن مکھا تیرا
جھمکتا　آئینہ رخ
کہ تو جلوہ فلک سے ہے سو تا ماہی کرن سکتا
کر سکتا ہے

زمانے کے اندھارے سے معانی تو نہ کر غم جگ
اندھیرے
پیالا ہت پیا کے پیو توں جگ شاہی کرن سکتا
ہاتھ　پی کر تو　کر سکتا ہے

بن سیر تمن ساری کلیاں سوک رہی ہیں
تمہارے　سوکھ
ٹک آ کے کرو گشت چمن جی اُٹھے سارا

عالم مجے تعلیم کریں علم و ہنر کا
لکھے ہیں ازل تے ہمنا عشق قرارا
ہمارے لیے   سے

مجلس ترا ہزار پری خانۂ سکل
تمام
جیو اس میاں بصورت و معنی خراب تھا
دل   میں

یوسفِ گم سو پھر آگا اب بکنعاں غم نہ کھا
آئے گا
گھر ترا امید کا ہو گا گلستاں غم نہ کھا

دیکھو کہ کیوں کیے انوں ہمنا ستیں وفا
وہ   ہم   سے
یک تل نہیں ہوا کہ کرے سر تے بھی جفا
لمحہ   از سرِ نو

کرتے ہیں دعوے شعر کے سب اپنی طبع سوں
سے
بخشیا فصیح شعر معانی کے تئیں خدا
بخشا

جے کو کہ ہتھیلی جام لیتیا
جو کوئی   لیا
سلطانیٔ جم مدام لیتیا
لیا

باہر تو اُدھر ستے ساقیانا
تیرے لب سے
اس دو رکنے کہ کام لیتیا
لیا

ذکر مکھ و زلف تج ہمن دل
چہرہ تیرا ہمارا
پوجن سو صبح و شام لیتیا
پرستش کی طرح
لیا

کیس کھولے کرنے کنگھی، رات ہے ہمناکوں وہ
بال ہم کو
مانگ کاڑھے جب سکھی وہ دیس ہمناں کوں صبا
دن ہم کو صبح

میں نہ جانوں کعبہ و بُت خانہ وسے خانہ کوں
دیکھتا ہوں ہر کہاں دِستا ہے تج مکھ کا صفا
ہر طرف نظر آتا ہے تیرا

جیو میرا اس پری کے نیہہ سوں مل
عشق سے
عقل و ہوش و سدھ مرا بیگانہ کیتا
کیا

میں نہ جانوں کیوں اچھے گی حور جنت
کیسی ہوگی
حسن تیرا مج عجب دیوانہ کیتا
کیا نے

پیا باج پیالا پیا جائے نا
بغیر
پیا باج یک تل جیا جائے نا
بغیر　لمحہ

کہتے پیا بن صبوری کروں
کہتے ہیں
کہیا جائے آما کیا جائے نا

نہیں عشق جس کو وہ بڑا کوڑ ہے
جاہل
کدھیں اس سے مل بیسیا جائے نا
کبھی　بیٹھا

قطب شہ نہ دے مج دوانے کو پند
مجھ
دوانے کو کچھ پند دیا جائے نا

پیا بچھڑا ہے منج کوں دکھ گھنیرا
مجھ کو
نہ جانے کب ملے گا پیو میرا

صباحی وہ مکھ دیکھ پینا شراب
فرح بخش ساعت میں لینا شراب

مرید پیرِ مے خانہ ہوا ہوں دیکھ اے زاہد
ہماری مے پرستی میں تمن تسبی ریا ہے اب
تمہاری تسبیح

عاشقاں کے شعر تے جگمگ اُٹھے
میری آہ کا آگ ہے جیوں آفتاب

قطب شہ بندہ گناہ گار اہے
سب کرو یاراں دعا ہو گا ثواب

مکھ تیرا دیکھ کر میں آج مست
تیرے مکھ کے تئیں ہوا ہوں بت پرست

جانتے دارو حکیماں درد کا
نیہہ دوا ہو نہ ہرگز ان کے دست
عشق

رُخ کیسے مے خانہ رُخ، لے پیالا ہات
ہاتھ
ڈگمگی چالاں سے سب کسی کوں بھلات
بھلا دیا چال سے

تھا ازل سے اس میں ہور ہمناں میں راز
اور ہم
کیوں کہوں نئیں بات میں ہے اس کا ہات
ہاتھ ہاتھ

نیناں کی شوخی میں آج دیکھیا ہوں نوا تلنغ
آنکھوں
پلکاں کے بچن سے نہ کرو میرا ہیا تلنغ
پلکوں ذکر دل

سہیلی نہ کر تو ہمن سیتے دُند
ہم سے دشمنی
کہ میں بوجے ہوں تیرے سب چھند پند
مکر

نہیں دیکھے ہیں کس چمن میں کدھیں
کبھی
سجن قد ایسا سرو کوئی بلند

ہوئے عاشقاں بے خبر دیکھ تجھ
تجے کون سکھلائے اے مست چھند

لوچن دکھائے جیو دلم خاد غانہ کر
آنکھیں میرا دل
عشق تو مج تمنز زل و مستی بہانہ کر

تجھ مکھ کمل پہ پھرتا ہے بھونرا ہو کر اکاس
آسمان
دیوے پہ جیوں پتنگ پھرے ہے خبر اکاس
آسمان

تو میری باس ہے سکھی او تیری باس میں
خوشبو
پھرتا ہے ڈانواں ڈول کدھر کا کدھر اکاس
آسمان

تیرے نین کا کاجلا دیکھ دھن
کاجل　عورت
اپے کا جلا ہونے جلتا شمع

مدھن جو پی لیے ہیں پلکاں رہے ہیں مل مل
شراب محبت
جلگے چنچل نین میں ہے خواب کا طلوع

اے نار ہے اس جگ منے تجھ مکھ عجب روشن چراغ
میں
دیکھے نہیں جنوں کہیں اس دھات کے نوکھن چراغ
اب تک　طرح　انوکھے

رین چندنی میں سائیں سو پیو جام
رات چاندنی　محبوب　سے
سجن من ہات لینے میں ہے آرام
ہاتھ

شراب خانے کا مسکیں ہوں دیکھ مستی میں
کہ لاڑ انبر پہ کروں حکم تل سو تارہ کروں
ناز آسمان زیرفرماں

گسائیں پاس میرے ہے کہ دیکھی آج سپنے میں
محبوب
اٹھی جب بڑ بڑا کر میں نہ دیکھی سیج اپنے میں

خدا جو راکھیا منج ہو رتیج کوں
سے مجھے بعد تجھے
جدائی جانتی نئیں ہوں پیا میں
نہیں

نبیؐ صدقے فنا نا جانے قطبا
محبّت میں بھتا پیالا پیا میں

تجھ بن پیارے نیند ٹک نیناں میں مجھ آتی نہیں
میری
رین اندھاری ہے کٹھن تجھ بن کٹی جاتی نہیں

شراب تلخ دے ساقی کہ رنگ اس سے شفق پاوے
ہو تلخی کا اثر میٹھا ہمن مستاں سوں کہتے ہیں
سے ہم

بڑائی کا عجب ہنگام ہے، پھر کر نہ آوے او
وہ
کہ اس ہنگام کی خاطر بہت ارماں سوں کرتے ہیں
سے

پلکاں طواف کرتے اہیں کعبے نین کوں
پلکیں ہیں کو
تا مدعا بر آوے ایس دل کے راز کوں
اس

کرتار ہر کیس کو دیا ہے ہریک کام
خالق ہرایک ہرایک
لاگیا ہے کام عشق کا مج عشق باز کوں
لگا ہے مجھ کو

نہ بچھڑوں سائیں سے اک تل سہیلی
محبوب لمحہ
پیا کے رنگ سوں میں ہوں اکیلی
سے

پیا معلق منجے دل سے بسارے
مجھے
پیا بن کیوں جیوں کہہ ری سہیلی

پیارے سنو مج پرم کی کہانی
پریم
کہ میں بھید تج حسن کے سب پچھانی
پہچانی

سجن کو رجھا راکھی میں اپنے من میں
لبھایا
او جیو کو نظر نا لگے تا برائی
بیگانی

ترا حسن حساں میں بھایا دِسے
نظر آئے
مدن پیالا انگ سہایا دِسے
شراب نظر آئے

عشق نیند تج نین میانے سبے
تیری آنکھوں میں
صراحی پیالا بھرایا دِسے
نظر آئے

سہیلی مدن لال موچت کو بھاوے
میرے دل
کہ تل تل دل اس چھند پر واری جاوے
لمہ لمہ ناز

کسے چت بلاوے، کسے رین جگاوے
دل
کسے دل تپاوے، کسے من رجھاوے

جو کوئی ہے عشق میں ثابت، سدا ہے جیونا اس کا
سوا اس کے ناؤں سوں میخانہ سب معمور کر ساقی
نام سے

# حسن شوقی

نام شیخ حسن۔ تخلص شوقی

حسن شوقی کا سنہ ولادت اندازاً ۹۴۰ھ مطابق ۱۵۳۳ء اور وفات ۱۰۴۲ھ اور ۱۰۵۰ھ مطابق ۱۶۳۲ء اور ۱۶۴۰ء کے درمیان متعین کیا گیا ہے۔ اس لحاظ سے اس کا کلام اردو کے قدیم ترین شعری سرمایے میں شمار کیا جاتا ہے۔

حسن شوقی کی زندگی کا زیادہ حصہ نظام شاہی سلطنت میں گزرا۔ جب مغلوں نے نظام شاہی سلطنت کو فتح کرلیا تو حسن شوقی عادل شاہی سلطنت سے وابستہ ہو گئے۔ یہاں اس وقت سلطان محمد عادل شاہ حکمران تھا۔ اور اس نیک دل بادشاہ کی مسلم پروری سے یہ حکومت شعراء اور اہل علم کے لیے گوشۂ عافیت بنی ہوئی تھی۔

حسن شوقی کا جتنا کلام اب تک دستیاب ہوا ہے وہ دو مثنویوں اور ۳۰ غزلوں پر مشتمل ہے۔ مثنوی فتح نامہ نظام شاہ دکن کی مشہور جنگ تالی کوٹ کی فتح پر لکھی گئی تھی جس میں حسن شوقی کے مربی حسین نظام شاہ کی تعریف کی گئی ہے۔

حسن شوقی کی دوسری مثنوی میزبان نامہ ہے اس میں سلطان محمد عادل شاہ کی شادی کو موضوع سخن بنایا گیا ہے۔ اس مثنوی کی خصوصیت یہ ہے کہ اس سے اس زمانے کے رسم و رواج، ادب و آداب اور معاشرت اور تہذیب کی تصویر نگاہوں کے سامنے آجاتی ہے۔

حسن شوقیؔ کا ذکر کسی قدیم تذکرہ میں نہیں ملتا۔ اگرچہ وہ اپنے زمانے کے مسلم الثبوت استاد کی حیثیت رکھتے تھے۔

ان کے کلام میں عربی اور فارسی کے الفاظ کی موجودگی کے باوجود قدیم دکنی اردو اور نامانوس الفاظ کی بہتات ہے۔ ان کے اشعار میں اردو شاعری کا قدیم تر رنگ نمایاں ہے۔

یہ انتخاب دیوانِ حسن شوقیؔ، مرتبہ ڈاکٹر جمیل جالبی (مطبوعہ ۱۹۷۱ء انجمن ترقی اردو پاکستان) سے کیا گیا ہے۔

# انتخابِ کلام

تج مکھ کنول کنوے بدل جگ میں سورنگ لالہ ہوا
تیرے ناز کی کے سبب اچھا
تج زلف تھی اُبچی بھنورو و جی بھونگ کالا ہوا
سے نمودار ہوئی بھجنگ سانپ

تج ناز کے بیداد تھی ویران ہوا ہے کانورد
سے ایک علاقہ
تج لب شکر کے قول تھی معمور بنگالہ ہوا
سے

افتاں وخیزاں روز وشب تنہا پھروں سنسار میں
جس وقت تھی تج نیہہ کا مدپیہہ متوالا ہوا
سے تیرے عشق شراب پی کر

گیا آرام سب تن کا، پریشانی لگی ندن
اچھلتے عشق کے شعلے، کہوں کس جا مرن اپنا

نجانی تھی کہ آخر یوں، بچھڑنا ہوے گا پیو سوں
محبوب سے
بگرنہ بھوت باتوں سیں سجن کہتے بتن اپنا
سے بہت

کیے تھے قول اے شوقی کہ تجھ کو چھوڑ نا جاؤں
ولیکن چھوڑ کر مج کوں بسر کر گئے بچن اپنا
بھول　وعدہ

لیے دن ہوئے سریجن رج یک پتر نہ بھیجا
بہت　[illegible]
کچھ راز کی نشانی مجھ یاد کر نہ بھیجب
بھیجا

خوباں کی انجمن میں لالن ہوئے ہیں ساقی
نرمل شراب مج کوں یک جام بھر نہ بھیجا

رو رو صبا کٹی میں تیری خبر کے بادی
صبح کی
بادِ صبا کے ہاتوں کہہ کچھ خبر نہ بھیجا

برہا زہر پی ہوں، مرنا ہوا ہے نیڑے
نزدیک　پیا ہے
دلبر طبیب آپی امرت ادھر نہ بھیجا

پھردں نس دیس جوں چھائیں پچھیں تجھ بے مردت کے
پرچھائیں پیچھے
کدھیں ہنس کر کہے نئیں یوں ' دوانے توں کدر پھرتا
کدھر　کبھی

تج نین ماتا جو کوئی، تس جام سیتی کام کیا
مدہوش　سے　سے
تج زلف کا کافر جنے اسلام سیتی کام کیا
سے
جسے

میں ننگ ہور ناموس کوں پاپوش کر کیتا وداع
اور　کیا
اب ننگ سوں نسبت نئیں، ہور نام سیتی کام کیا
سے

مج دیکھ کر حاذق کہیں اس درد کوں دارو نئیں
آقا ملانے یو بکیں اپچھر ستی اوچٹ ہوا
یہ کہیں　پریکا　اثر

تج زلف کے اس دام کوں زاہد کہیں تسبیح ہے
بہمن کہیں جپنے یہی زنار ہے کفّار کا
برہمن

جس شہر میں بستا ہے توں سب جگ ہے تیرا معتقد
مومن کہیں مکّہ یہی ۰ کافر کہتے ہیں دوار کا

تج نور کی نسبت پیا، ساتوں سمندر سات بُند
بوند
خورشید یک گوہر اہے تج حسن گوہر بار کا
ہے

صورت میں توں ہے بادشہ، سیرت منے درویش جیوں
(میں)
یوسف سا تج میں کیوں کہوں، پن ہے تو یوسف سار کا
(پر — مثل)

عاشق کیرے مذہب منے قبلہ مجازی نئیں روا
(کے — میں)
قبلہ حقیقت کا یہی دیدار تجھ دلدار کا

تو مشکبو جیسے صنم عالم معطر ہو رہیا
(رہا)
تج طرۂ طرار میں نافہ ہے خوش تاتار کا

دل جام جم ہے شاہ کا، شوقی نہ کر پھر عرض توں
ایسے شہے عارف کنے حاجت نہیں اظہار کا

یا زلف یا تحریر ہے، یا دام عالمگیر ہے
یا سحر کی زنجیر ہے نگ کی پریشانی سبب

تج گال کی سرخی کنے یا قوت رمانی کدر
(کدھر)
اور اشک کے لالے کنے لعل بدخشانی کدر
(کدھر)

شوقی ہمارے عشق میں کئی زاہداں مشرک ہوتے
اس مذہبِ کفّار میں تیری مسلمانی کدھ

میں یوسف ثانی تجھے سہواً کھیا، معذور رکھ
مجھے　کہا
اس سور نورانی کہتے وہ ماہ کنعانی کدر
سورج

خوباں منے اوّل ہے توں، آخر نہیں ثانی ہنوز
میں　تو
میثاق تے تج روپ کی دنیاں ہے دیوانی ہنوز
سے　دنیا

تج دل کٹھن فولاد ہے، بیداد تج کوں داد ہے
کو
شیویاں منے استاد ہے، باتاں میں نادانی ہنوز
شیوہ　میں　باتوں

نہ کر تعریف مجنوں کی کہ الماضی ولا یذکر
ہمارا عشق مستقبل ہوا ہے کارسازی میں

اگر عشق حقیقی میں نہیں صادق ہوا شوقی
دلے مقصود خود حاصل کیا ہے عشق بازی میں

ہیا مندھر کری اپنا، پیا مہماں بلائی میں
دل: مسند
میا سوں تخت پر دل کے سجن کوں بی سُلائی میں
شوق سے ... بھی

لجا شوقؔ پیارے کوں دکھائی تن مندھر اپنا
کری تکلیف سوں تعظیم، اُدھر امرت پلائی میں

شوقؔ کی ہے پیاری ہنس ہنس کہے سو ناری
حسینہ
افضل غزل تمہاری جوں سور ہے گگن میں
سورج

جب عاشقاں کی صف میں شوقؔ غزل پڑے تو
پڑھے
کوئی خسروی بلالی کوئی انوری کہتے ہیں
کہتے

آکر پرت کے پھند میں میں صید ہو پڑیا
محبت ... پھاں ... پڑا
غم کے قفس میں گھال مجھے بند نکو کرو
نہیں ... ڈال

چھاتی جلے ہماری کہو کن کیا تمن
کیا ... تم نے
مرھم نکو لگاؤ سو تر بند نکو کرو
مرہم ... زخم

جی میں کہوں گا تم کوں، دو تن سوں کہو نکو

رقیبوں سے

اتلس کوں پھاڑ کملی کوں پیوند نکو کرو

اطلس

گر جل ہوا ہوں راک برہ آگ میں تمن

راکھ　تمہاری

مج باج بھی تمیں کسی اسپند نکو کرو

میرے سوا　تم

نین کے پاؤں کر جاؤں، سجن جب گھر بلاوے مج

مجھے

نہ جاگوں کی قیامت لگ اگر گل لگ سلاوے مج

تک　گلے

کر میں ماتی ہو ڈلتی کر جھوٹی شہرت ہوا جگ میں

مدہوش　جھومتی ہوں

دلے میں کچھ نہ مدماتی، ترا بادا ڈلاوے مج

قرب　کچھ

اگر میں باغ میں جاؤں تو بلبل در چمن لرزے

مرے دل کی اگن دیکھے تو دوزخ کی اگن لرزے

اگر اس شعر میرے کوں کوئی جا کر سنا دیوے

تو اس کے سوز کوں سن کر دیکھو شوقی حسن لرزے

کہیں افسوں گراں مجھ کوں نہ کام افسوں گری کا ہے

کدھیں ہشیار ہوسی نا دیوانا کس پری کا ہے

کبھی

مجے زاہد گکر کہتے جتے اس شہر کے عالم

مجھے کہہ کر جتنے

دلے سمجھے نہیں مجھ میں جو نکتہ کافری کا ہے

ہرگز نہ ترک کرسوں خوباں سوں عشق بازی

کروں

تو قتل آپ کر مجھ جیو سوں ہوا ہوں رازی

راضی جی سے

اے ترک شوخ سرکش یتیی نہ سرکشی کر

اتنی

میں با نیاز تجھ سوں، مجھ سوں تو بے نیازی

از بس فراق جاناں کرتی ہوں خوں فشانی

یہ دُکھ دیا ہمن کوں، وہ سُکھ کرن کہاں ہے

در بزم ماہ رویاں، خورشید ہے سریجن

میں شمع ہوں جلوں گی وہ انجمن کہاں ہے

از ہند تا خراساں خوشبو ہوا ہے عالم
تن شاہ مشکبو کا گل پیرہن کہاں ہے

اے بادِ نو بہاری گر توں گزر کرے گا
گزارتے خبر لیا وہ یاسمن کہاں ہے
سے
لا

عادل شاہ کے درس بن مجہ یک گھڑی برس دو
برسوں سے کہہ رہی ہوں وہ من ہرن کہاں ہے

جن یوں غزل سنایا، جلتیاں کو پھر جلایا
جس سننے یہ
سو رند لا ابالی شوقِ حسن کہاں ہے

نہ ہمنا ٹسک جہنم کا نہ جنّت کی طمع دھرتے
ہمیں
ہمیں طالب ہیں خوباں کے فراق ہو جہاں پھرتے

# غواصی

غواصی ابراہیم قطب شاہ (ف، ۹۸۸ھ مطابق ۱۵۸۰ء) کے عہد میں پیدا ہوا۔
اُس نے غواصی اور غواص دو تخلص استعمال کیے ہیں۔

محمد قلی قطب شاہ (ف، ۱۰۲۰ھ ۱۶۱۱ء) کے زمانے میں اُس کی شاعری نے شہرت حاصل کی۔ وہ عمر میں وجہی سے چھوٹا تھا لیکن وجہی کا حریف بن چکا تھا جس پر بادشاہ کی نظرِ عنایت تھی اور جس کی وجہ سے وہ قلی قطب شاہ جیسے سخن شناس اور سخن پرور بادشاہ کی نوازشوں سے محروم رہا۔ غواصی کے دیوان میں کئی غزلیں ایسی ملتی ہیں جو محمد قلی قطب شاہ کی غزلوں کی ہم طرح ہیں۔ اس سے ظاہر ہوتا ہے کہ شاہی قدردانی سے محرومی اور ناامیدی نے اسے بادشاہ کی غزلوں کے جواب میں غزلیں کہنے کی جرأت دلائی۔ لیکن اسی زمانے میں غواصی نے کمالِ فن کی منازل طے کیں۔

محمد قلی کی وفات کے بعد محمد قطب شاہ (ف، ۱۰۳۵ھ ۱۶۲۶ء) کا دور اُردو کے کسی بھی شاعر کے لیے سازگار نہ تھا لیکن یہ بادشاہ جلد ہی وفات پا گیا اور اُس کی جگہ سلطان عبداللہ قطب شاہ (ف، ۱۰۸۳ھ ۱۶۷۲ء) تخت نشین ہوا۔

غواصی کی ابتدائی زندگی تنگ دستی میں بسر ہوئی تھی۔ سلطان عبداللہ کے عہد میں اُس کو شاہی تقرب حاصل ہوا اور بڑی عزت اور شہرت ملی۔ غواصی نے اپنی مثنوی

سیف الملوک و بدیع الجمال میں، جو وہ پہلے سے لکھ رہا تھا، مدح کے اشعار میں سلطان کا نام شامل کیا اور عبداللہ قطب شاہ کی خدمت میں پیش کی اور پہلے ہی دن سے دربار کا ملک الشعرا بن گیا۔

غواصی قدیم اُردو کا عظیم المرتبت شاعر ہے۔ مثنوی، قصیدہ اور غزل میں قدیم اُردو کے بہت کم شاعر اس کے مرتبے کو پہنچے ہیں۔

دبستانِ دکن میں مثنوی مقبول ترین صنفِ سخن رہی ہے لیکن قدیم دکنی شعرا کی توجہ غزل پر بھی رہی۔ جو خصوصیت غواصی کو اس زمانے کے صفِ اوّل کے غزل گو شعرا میں شامل کرتی ہے وہ تاثر کی فراوانی اور سادگی اور روانی ہے۔ غواصی کو اپنے کمالِ فن کا شدید احساس تھا اور شاعری میں وہ کسی کو اپنا ہمسر تسلیم نہیں کرتا تھا۔ غواصی کے قصائد بھی خاص طور پر قابلِ ذکر ہیں۔ اس لیے کہ اتنے زیادہ اور اتنے طویل اور اتنے عمدہ قصائد کسی دکنی شاعر کے اب تک دستیاب نہیں ہوئے ہیں۔ تعداد اور تنوّع کے لحاظ سے موجودہ معلومات کی حد تک غواصی دکن کا سب سے بڑا قصیدہ نگار ثابت ہوتا ہے۔

غواصی نے قصیدے میں بھی بول چال کی زبان استعمال کی ہے۔ وہ بادشاہِ وقت سے بہت قریب تھا۔ بعض قصیدوں میں وہ بادشاہ کو ایک معتمد مصاحب کی حیثیت سے مشورے بھی دیتا ہے۔ ایک قصیدے میں وہ بادشاہ سے مزید ایک گاؤں عطا کرنے کی درخواست کرتا ہے۔ اس قصیدے سے یہ بھی پتہ چلتا ہے کہ بادشاہ کی خواب گاہ پر سپاہیوں کے علاوہ معتمد درباریوں کا بھی پہرہ مقرر کیا جاتا تھا اور غواصی کو بھی اس کام کے لیے مقرر کیا گیا تھا۔ اپنے قصیدے میں وہ اس کام سے معافی کی استدعا کرتا ہے۔

غواصی نے تین مثنویاں مینا ستونتی، سیف الملوک و بدیع الجمال، طوطی نامہ اور کلیات کا انتخاب یادگار چھوڑا ہے۔

غواصی کا نہ سالِ ولادت معلوم ہو سکا اور نہ سنہ وفات۔ تاہم بعض قرائن سے پتہ

چلتا ہے کہ وہ ۱۰۶۷ھ ۔ ۱۶۵۶ء سے پہلے فوت ہو چکا تھا۔

یہ انتخاب "کلیاتِ غوّاصی" مرتّبہ پروفیسر محمد بن عمر (مطبوعہ ۱۹۵۹ء۔ حیدرآباد دکن)

اور "غوّاصی فن اور شخصیت" مرتّبہ محمد علی اثر (مطبوعہ ۱۹۸۸ء۔ حیدرآباد دکن) سے کیا گیا ہے۔

---

# انتخابِ کلام

مجھ
بچن میری زباں کے آج تلک رے ہو نہ کیوں مجھکیں
سخن
کہ ہے یو چرخ زنگاری ورق میرے سفینے کا
یہ

زمانے آج کے میں وہ نگینہ بے بدل ہوں جو
وہ
سلیماں باج کوئی قیمت نہ دیوے منج نگینے کا
سوا

چھپا درد دل کا دردمند کوں باج
کے
بغیر
سینہ چیر دکھلائیا جائے نا

محبّت نپٹ زور پکڑے بغیر
بغیر
بلا عشق کی سر لیا جائے نا

جیوں پھول کا بن، بھر گیا دامن گریباں لگ مرا
تک
لب لال میرے لال کا ہنستا جو گلریزی کیا

گرناز نوخیزاں پہ میں اے دل کروں تو کیا عجب
پیو کا محبت مبخ عطا پیری میں نوخیزی کیا
پی　بھ

میں جو مجنوں کے نمن اپیں بیابانی کیا
مانند　اختیار
عشق میں دانا ہو چپ • لوگاں میں نادانی کیا
لوگوں

طوطیاں سب ہند کے رغبت کریں تیوں آج خوش
شکرستاں ہوں غوآصی شکرؔ افشانی کیا

مبخ نہ سدھ اپنے حال کا ہے پیا
مجھے　بڑا
چیت منجے تج خیال کا ہے پیا
دل　میرے

ذوق ہے مبخ کہ ہر گھڑی دل میں
مجھے
شوق تیرے وصال کا ہے پیا

گفتم کہ اے پری تو ہے فتنۂ زمانا
گفتا کہ راست گفتی اے گن بھرے سجانا
سجن

گفتم کہ در جہاں یا لیلیٰ ہو آئی ہے تو
گفتا کہ من چہ مجنوں پائی ہوں تج دوانا
تجھ

گفتم کہ در ہوایت پھرتا ہوں ذرّہ ہوں میں
گفتا کہ ذرّہ پردر سورج ہوں میں توانا

گفتم کہ خال و زلفت کیا ہے سو بول مجھ کوں
کو
گفتا کہ زلف دام است ہور خال سو ہے دانہ
اور

گفتم کہ خانۂ توں کاں ہے نشان دے منج
تمہارا کہاں مجھے
گفتا کہ دردِ دل تو کی ہوں ازل تھے خانہ
سے

عشق میں جاناں کے ثابت اچھ تو اے جان غم نہ کھا
رہ
عہد و پیماں رکھ درست اپنا یہاں ہاں غم نہ کھا

دردمنداں کا سو درماں عین اس کا لطف ہے
ہوئے گا یک بارگی سب مشکل آساں غم نہ کھا

رات اندھاری ہوتے کے ہر گو پشیمانی نہ کھینچ
اندھیری
دن بھی آوے گا نکل روشن ہو تاباں غم نہ کھا

بولتا ہوں کھول میں یہ فال گٹھری باندھ لے
ہے تجھے جمعیت آخر، اے پریشاں غم نہ کھا

مسلّم مست ہوں، منج کوئی نہ پوچھو عقل کی باتاں
مجھ سے باتیں
اسے پوچھو یہ باتاں جا، جنے ہشیار ہو آیا
جو

ملک ہو شاد، دیے خضر کا خطاب مجھے
ترے اَدُھر کو جو میں چشمۂ حیات کہیا
لب کہا

فلک چراغ کیا روشن اختراں کے تمام
جو میں اَلک کو تری جیوں شب برات کہیا
زلف کہا

اے پری پیکر تیرا مکھ آفتاب
دیکھتا ہوں تو رہنے مجھ میں نہ تاب

سر تھے پگ لگ آنکھ ہو ، رکھنا بھلا حق پر نظر
سر سے پیر تک
دل سوں سب تن کان ہو، سُننا بھلا اُمّ الکتاب
سے

رات کوں دیکھے تو دستا، رات کا مہتاب وے
کو　نظر آئے　وہ
دیس کوں دیکھے تو دستا دیس کا وے آفتاب
دن　کو　نظر آئے　دن　کا　وہ

تیرے جمال ساتھ نہ پہنچ ملا سکے
دھرتا ہے آفتاب اگرچہ ہزار ہات

نکلے تو سیر کرنے چمن میں تو خم ہو سرو
دوڑ لے تیرے پاؤں پہ بے اختیار ہات

دنیا میں کئی جنس کے مذہب ہیں ولیکن
مذہب نئیں تج عشق کے مذہب سے عجب تر
نہیں　ترے

از ما کے دل کو سائیں کے جو دیکھتا ہوں تو
آزما کر
پولاد سے ہے سخت پگھلتا نئیں ہنوز
فولاد

گل فکر تھے ہوا ہے کلیجہ لہو ولے
انکھیاں کی باٹ نیر ہو ڈھلتا نئیں ہنوز
راہ آنسو

پیو باج انکھیاں کو آئے نہ خواب ہرگز
پیا بغیر
بے تاب ہوں نہیں کچھ مج تن میں تاب ہرگز
میرے

عجب مستی ہے تیرے لب کے مد کوں
شراب کو
کر ان پڑیا ہے مج مستی کی حد کوں
آ پڑا ہوں میں کو

آج مج دل کو کچھ قرار نئیں
میرے نہیں
کیا کروں میں نزک وو یار نئیں
نزدیک وہ

سب پیا کے ہیں حسن کے بے ہوش
شہر میں کوئی ہوشیار نئیں

عشق کے جام تے ہے مست جنے
سے جو
اس کی مستی کو کیں اتار نئیں
کہیں

اے دل تو اپنا درد تو کہیا حبیب سوں
ہے　کہا
امّا یو حبیب کہہ سکے جا کس طبیب سوں

گرچہ ہوں مسکین اور مفلس ہوں میں
عاشقاں میں صاحبِ مجلس ہوں میں

فقر میں کرتا ہوں شاہی اے غواص
تو نکو یوں جان جو مفلس ہوں میں

سجن کی گلی میں جو میں گھر کیا ہوں
اندیشش عاقبت فکر بہتر کیا ہوں

منجے دیو زنّار اس زلف کا
کہ میں عشق کا اپنی کافر کیا ہوں
خود کو

خبر کوئی جا دیو اس جوہری کوں
کہ باتاں کو بے مثل جوہر کیا ہوں
سخن

میں عشق کے بازار میں راکھیا جو قدم کوں
رکھا کو
شادی کے درم دے کے لیا ذوق سوں غم کوں
کو سے کو

آرام نئیں ہے سیج کوں بغیر یار کیا کروں
نہیں مجھ کو
دل ٹھارتا نئیں ہے کسی ٹھار کیا کروں
ٹھہرتا جگہ

اس آفتاب باج مری انکھیاں تلے
بغیر
دستا ہے دیس آج شب تار کیا کروں
نظر آتا دن

اے دل آرام میں جدھر جاؤں
دل کوں تیر یچ پاس دھر جاؤں
کو تیرے ہی

دیکھ تج مکھ کی شمع پوجیو
ترے دل
دوڑتا جیوں پتنگ جاتا ہے

نئیں مجھے کچھ قرار آتا ہے آج
وقت تج باج تنگ جاتا ہے
بغیر

اے جو تج تھے حیات میری ہے
سے
تج اَدَھر پر برات میری ہے
تیرے لب

کیوں نہ دیوانگی کو دیوؤں سر
دول
مین مجنوں کی ذات میری ہے

نظر جو مجھ پہ کرم کی مرا اللہ کرے
اپے ہو شاہ مرے دل کوں تخت گاہ کرے
آپ

غوقتی جو ہراں جوتی تو لٹی دھرتا جنوں میں آ
نکھ دی ہے
کہاں وہ جوہری پارک جو پرکھے جوہراں میرے
پارکھ

# علی عادل شاہ ثانی شاہی

نام علی عادل شاہ۔ تخلص شاہی۔ پیدائش ۱۰۴۸ھ مطابق ۱۶۳۹ء وفات ۱۰۸۲ھ مطابق ۱۶۷۲ء۔

سلطان علی عادل شاہ سلطنت بیجاپور کا آٹھواں بادشاہ تھا۔ دکن کی حکومتوں میں اردو ادب کے تعلق سے گولکنڈے کی قطب شاہی حکومت اور بیجاپور کی عادل شاہی سلطنت کو زبردست اہمیت حاصل ہے۔ یہ فرماں روا ذی علم، صاحب ذوق اور شعرو ادب کے سرپرست تھے۔ عادل شاہی فرماں رواؤں نے کاروبار سلطنت کے لیے اردو کو سرکاری زبان قرار دیا تھا۔ ان کے عہد میں اردو عام بول چال سے آگے ادبی رتبے تک پہنچ چکی تھی۔

شاہی کے والد کا نام سلطان محمد عادل شاہ تھا۔ اس کے عہد ہی میں عادل شاہی سلطنت میں زوال کے آثار پیدا ہو چکے تھے۔ شاہجہاں نے علی عادل شاہ کو اس کا جائز وارث تسلیم کرنے سے انکار کر دیا تھا۔ غالباً اس کی ماں کا رتبہ شاہی بیگمات کے برابر نہ تھا۔ مغل بادشاہوں کی شہ پاکر شیواجی نے بھی بیجاپور کے علاقوں کو لوٹنا شروع کر دیا۔ اس طرح علی عادل شاہ کو کبھی آرام سے بیٹھنا نصیب نہیں ہوا۔ اسے اپنے باپ سے ورثے میں ایک زوال آمادہ لیکن وسیع و عریض سلطنت ملی تھی۔ لیکن اس نے اپنے پانچ سالہ بیٹے سکندر کے لیے جو سلطنت چھوڑی اس کے بہترین علاقے قبضے سے نکل چکے

تھے۔ اور وہ ہر طرف سے مصائب میں گھری ہوئی تھی۔
انتقال کے وقت اس کی عمر صرف پینتیس ۳۵ سال تھی۔ وفات کی بڑی وجہ اعتدال سے گزری ہوئی اس کی عیش پرستی تھی۔
علی عادل شاہ مصنف مزاج اور رعیت پرور تھا۔ علما، فضلا اور اہل کمال کی بڑی قدر کرتا تھا۔ شاعر بھی تھا اور مصور اور خطاط بھی۔ نصرتی کو اس نے اپنے دربار کا ملک الشعراء مقرر کیا تھا۔ نصرتی نے بیجاپور کے تین بادشاہوں محمد عادل شاہ، علی عادل شاہ اور سکندر عادل شاہ کا زمانہ دیکھا۔ اورنگزیب نے جب اس کا کلام سنا تو اس کو ملک الشعرائے ہند کا خطاب عطا کیا۔
شاہی نے تقریباً تمام اصناف سخن میں طبع آزمائی کی ہے۔ اس نے دکنی اور ہندی اور فارسی تینوں زبانوں میں شعر کہے ہیں۔ کلیات شاہی کا صرف ایک ہی نسخہ (جس کے چند صفحات تلف ہو گئے ہیں) اب تک دریافت ہوا ہے۔ اس میں قصیدے، مثنویاں غزلیں، رباعیاں، دوہے وغیرہ سب موجود ہیں۔ شاہی کے کلام میں اس کے عہد کی معیاری فصیح زبان ہے۔ تین سو سال کی طویل مدت میں ہر زندہ زبان کی طرح اردو زبان میں بھی بہت سی تبدیلیاں آئی ہیں۔ جس کی وجہ سے یہ قدیم زبان جو شاہی نے استعمال کی ہے اب نامانوس معلوم ہوتی ہے۔ الفاظ کے علاوہ اس زمانے کی رسم تحریر بھی ایسی ہے جو آج کے قاری کو الجھن میں ڈال دیتی ہے۔
شاہی طبعاً عیش پسند اور حسن پرست انسان تھا اور اپنے اشعار میں بے باکانہ اس کا اعتراف کرتا ہوا نظر آتا ہے۔
یہ انتخاب کلیات شاہی، مرتبہ سید مبارز الدین رفعت (مطبوعہ انجمن ترقی اردو ہند علی گڑھ) اور کلیات شاہی، مرتبہ زینت ساجدہ (مطبوعہ حیدر آباد اردو اکادمی حیدر آباد دکن) سے کیا گیا ہے۔

---

# انتخابِ کلام

جس دن سے تمن سات لگیا من ہمارا
سے تمہارے ساتھ
اس دن تے پرت کا ہوا مج تن میں پکارا
محبت

تج گال پر نکھ کا نشان دستا ہے مج اس دھات کا
ناخن نظر آتا ہے طرح
روشن شفق میں جگمگے جیوں چاند پہلی رات کا

ابرو کمانا کھینچ کر مارے پلک کے تیر سوں
زخمی ہوا دل کا ہرن، لاگا نشاں تج ہات کا

مکھڑا سکھی کا عید سا دِستا اچنبھا روپ سوں
تس کیس پر زر کا انچل جھلکات ہے شبرات کا
بال

درد اس تے ہوا ہے مج کہ میں تج کل نہیں دیکھیا
لیے
ہوا بے کل اپتا میں کل کہ یک تل کل نہیں دیکھیا
اتنا

تمہارے مکھ سلونے پر گھونگھٹ کی اوٹ دیکھیا جو
چندر پر اس نزاکت سوں کدھیں بادل نہیں دیکھیا
دیکھا کبھی

ہوئی ہے تال عالم میں تمہاری چال سوں اکثر
لٹک چلنا تمن جیسا کسے منگل نہیں دیکھیا

ہمارے نین ہور دل میں لگی کھٹ پٹ تمن دیکھت
اور
عجب یوں پیم کا جھگڑا کدھیں فیصل نہیں دیکھیا
یہ پریم

تمہاری مکھ فریبی کو پرکھ کریوں کہے شاہی
میں سندر ناریاں میں تج تھے کسے اول نہیں دیکھیا
تجھ سے

تس کے فراقوں یوں دِسے گلزار سب انگار ہو
یو دل معلّم ہو مرا، دیوے سبق پروانہ را

تج بھال کے پرتاب تے پیدا چندر بالا ہوا
سے
پیشانی
سندر گلے میں ہانس تج، جیوں چاند کو ہالا ہوا
ہنسلی

تیرے اُدھر پر لال ہور کالی دھڑی کے رنگ تھے
لب اور
گنج پھل بھرے ہیں بیل میں چھنے چمن لالہ ہوا
پھول

اندر سنواریا آرتی تج مکھ سلونے کے بدل
سجائی
چند سور دو دیپک دسیں آکاس سو تھالا ہوا
چاند سورج نظر آئیں آسمان

تیرے مہن مالے کی چھب دیکھیا ہوں جب چھاتی پہ مج
ہار
تج ناؤں سو مج ورد کر دو مال جپ مالا ہوا
تیرے نام دہ تسبیح

تج بانہہ پر کنچک ہری، ہور ہات میں مہندی کے گل
چولی اور
سب مل نظر میں یوں دسیں جیوں پھول کا ڈالا ہوا

اکثر دسے تیری صفت لیلیٰ منے مجنوں کے تئیں

اس تے دوانہ ہو تیا سب جگ سو نر دالا ہوا
سے ہو گیا نرالا

جس زلف و گال کے اگیں شام و سحر کدھ
کہاں سامنے
تس روپ کے پرکھنے کوں حد بشر کدھ
کہاں کر

پھولی ہوں ات خوشی سوں، ہو باغ باغ من میں
جب ہت میں ہت ملا کر پھرتے چمن میں جم جم
ہاتھ

روں روں چھکی ہوئی ہوں، پی وصل کا پیالا
پیو جیو ہو کے ہر دم بستے ہمن میں جم جم

یاقوت کا تلک، سو ہے سندر کے مکھ پہ یوں
گویا دیپک دیے ہیں یو چندر کے ہت کھوں
چراغ روشن یہ چاند ہاتھ

پیا تے دور ہونے میں لڑیا ہے ناگ برہے کا
ڈسے
اسی کا یاد امرت ہو، نہ مرنا ہے مجھے بس سوں
زہر سے

سہیلیاں کے منانے سے نہ ہووے دھیر چت میرا
تسلی دل
نصیحت اب نہ بھاوے مجہ، نہ ہووے چین کچھ اس سوں

برہ میں ڈال دے مج کوں پیا نیٹھر ہوئے ہیں اب
ہ ر کھل
سندیسہ یو جو میرا ہے بیاں لگ کہوں تس سوں

سر یجن کے چندر سے مکھ کوں دیکھن کوں بیاتا ہے
محبوب　　　دل تڑپے
پرت کر اور سے پیارے ہمن کوں کی تپاتے ہیں
محبت　　　ہمیں کیوں　تڑپاتے ہیں

رج نین کے نگر میں لالن وطن کیے جب
میرے　　محبوب
تب انجمن کے لوگاں خلوت اسے کہتے ہیں
کہتے

میں چھاؤں ہو پیا سنگ لاگی رہی ہوں دائم
یک تل جدا نہ ہونا وصلت اسے کہتے ہیں

چاروں پہر پیا سنگ کئی بھانت کر مدن کے
بھنجوگ ہو رہی ہوں عشرت اسے کہتے ہیں

ہت جوڑ چت بھلائی میں آپنے پیا کوں
ہاتھ　　دل　بھلایا
عاقل جہاں کے بولیں حکمت اسے کہتے ہیں

ریوں روں رسن کری میں سشاہی کا ناؤں لینے
رواں رواں زباں　　نام
پھر پھر وہ ناؤں لینا راحت اسے کہتے ہیں

سارے جہاں کے پارکھی، پرکھوں رتن کیونکر کہو
جوہری
یاقوت ہور مرجان میں تو ہے رتن بہتر کہو

بولے جہاں کے پارکھی، ہمناں نہ آوے بولنا
تمنا سہاتا بولنا، اے شاہِ بحر و بر کہو

مرجان میں صافی نہیں، یاقوت میں صافی اچھے
ہے
جس ذات میں صافی اچھے اس ذات کوں برتر کہو

تن تہارو چندن ہور مکھ تہارو چاندہ
تمہارا　چاندنی　چاند
نین ہمارے چکور جیوں پریت سے باندہ
وابستہ

ساری رین تیرا مدن مج طبع میں بھرپور ہے
عشق
تج صبح مکھ کے سامنے دیپک سدا مخمور ہے

کچھ نین کی نرمی کنے، منگتے ہیں موتی ابرو
یا روپ کی تو کھان ہے، یا حسن کی سمدور ہے
سمندر

تج بال کالے دیکھ کر بادل پھریں حیران ہو

تج بھال اور تیلک کتے کیا چاند اور کیا سورہے

پیشانی اور تلک سورج

تج گال کی تعریف سن، پنکج چھپے جا نیر میں

کنول پانی

تج رنگ کی پرتاب سوں کنچن کا مکھ ربجور ہے

سونا

شاہی کا دل لب ہات لے مگتی منانے نیہہ سوں

آرزو محبت

پس چھوڑ دے ہٹ تٹ ججے بھی کیتے مغرور ہے

ضد کتنی ہی

پرت کی ریت سوں مرمر کہے ہنس ہنس سنو شاہی

پریت

عجب شہرت ہوئی جگ میں ہماری عشق بازی کی

# ملک الشعراء ملا نصرتی

نام محمد نصرت ۔ تخلص نصرتی ۔ ان کا سال وفات ۱۰۸۵ھ مطابق ۱۶۷۴ء ہے غالب کے آبا، واجداد کی طرح نصرتی کے آبا، واجداد کا پیشہ بھی سپہ گری تھا وہ اس خاندان کا پہلا شخص ہے جس نے سپہ گری چھوڑ کر شاعری کو اختیار کیا۔

اس کے اشعار سے اندازہ ہوتا ہے کہ یہ خاندان باہر سے آکر دکن میں آباد ہوا تھا۔ اور اہل دکن میں کچھ زیادہ مقبول نہ تھا۔ اپنی ایک رباعی میں وہ اہل دکن کی بے وفائی کا ذکر کرتا ہے۔ نصرتی کی موت بھی طبعی نہیں تھی۔ اسے قتل کیا گیا تھا۔ ممکن ہے اس کی وجہ حسد ہو۔ اپنے ایک شعر میں اس نے اشارہ کیا ہے کہ کسی منجم نے اسے بتایا تھا کہ اس کی جان کو خطرہ ہے۔

کہتے ہیں مج منجم اب تج خطر ہے جیو کا
اس راس پر پڑیا ہے یک اختر جلالی

نصرتی نے بیجاپور کے تین بادشاہوں محمد عادل شاہ، علی عادل شاہ ثانی سے سکندر عادل شاہ کا زمانہ دیکھا۔ سلطان علی عادل شاہ ثانی نے اسے دربار کا ملک الشعراء مقرر کیا تھا۔ بعد میں اورنگزیب نے جب اس کا کلام سنا تو اسے ملک الشعرائے ہند کے خطاب سے سرفراز کیا۔

نصرتی سلطنت بیجاپور کے آخری دور کا سب سے بڑا شاعر ہے۔ شاعری میں

وہ کسی کا شاگرد نہ تھا۔ اس نے ولی عہد سلطنت شہزادہ علی کے ساتھ تعلیم و تربیت حاصل کی تھی اور اسی کو وہ اپنا استاد کہتا تھا۔ اسی کے عہد میں نصرتی کی شاعری اپنے نقطۂ عروج کو پہنچی۔ اسی بادشاہ کے دور میں نصرتی نے اپنی مشہور زمانہ مثنوی گلشن عشق لکھی۔ یہ مثنوی ۱۰۶۸ھ تصنیف ہوئی۔ یہ مثنوی دکنی اردو میں خاص امتیاز رکھتی ہے۔ اس میں سخن طرازی کی ایسی خصوصیات ملتی ہیں جو اس سے پہلے دکنی مثنویوں میں نہیں تھیں۔

نصرتی نے تین تصانیف یادگار چھوڑی ہیں۔ ایک گلشن عشق دوسری علی نامہ اور تیسری دیوان نصرتی جس میں تاریخ اسکندری، قصیدہ چرخیہ اور رباعیات شامل ہیں نصرتی کے قصیدے شوکت بیان اور شکوہِ الفاظ کے لحاظ سے اس کے شاہکار کی حیثیت رکھتے ہیں نصرتی کو اردو کا پہلا بڑا قصیدہ نگار کہا گیا ہے۔ وہ قدیم اردو کے عظیم ترین شاعروں میں سے ایک ہے۔

نصرتی کی غزلوں کا موضوع عورت اور ایک عام انسان کی سطح کا عشق ہے۔
نصرتی کی شاعری میں اردو زبان کا قدیم اسلوب بہت گہرا رنگ رکھتا ہے اس نے فارسی الفاظ بھی استعمال کیے ہیں لیکن اس کے یہاں نامانوس دکنی اور ہندی الفاظ کی کثرت ہے۔ بغیر فرہنگ کی مدد اس کے اشعار سمجھنا ہی نہیں پڑھنا بھی آج کے زمانے میں آسان نہیں ہے۔

یہ انتخاب دیوانِ نصرتی، مرتبہ ڈاکٹر جمیل جالبی مطبوعہ تھارٹمن روڈ لاہور سے کیا گیا ہے۔

---

# انتخابِ کلام

مانی جو تج چنچل پن ٹک اسے پری لکھے گا
ترا
بہتے پون کے جل پر صورت گری لکھے گا

بکڑیاں ہیں دھیان انکھیاں جو ترا مکھ نچھانے کا
بگڑا ہے نظارے
آخر سبب کیاں ہیں اپس گھر ڈو بانے کا
کیا ہے اپنا

تج درس دیکھ جب منجے دیکھتا ہوں میں
خود کو
چھوڑیاں ہوں تب تے آرسی مکھ نچھانے کا
سے آئنہ دیکھنا

جتنا ترا ہو ناز دکھانے ننگے نکور
بے حجاب
جو پیار دل میں ہے سو ہمن نئیں چھپانے کا
ہم

تج چک کے ہت پلک سو ہر اک ہے گرہ کشا
آنکھ ہاتھ
تو عیب کیا ہے دیکھتے فن دل چرلنے کا
خوب

پنکھی ہو آرزو دھرتا چمن کی نو بہاری کا
پنچھی
خزاں سوں گل جو جھڑ جاوے تو بلبل کد سراسی نا
تب نغمہ سنج

جو بن کی مد کی مستی کوں سنبھالے دھن سو تس دھن ہے
قدرت
ندم ہے نصرتی تس پر کہ غم بھی تاب لا سی نا
نادم ہونا نہیں

زینت دھریا زمانہ سکھی اس جمال تے
دیا
تجھ حسن سوں عروس بنی سب جہان کیا
سے

طالب ہے نصرتی کی نین تج درس کی روز
منگتے پہ مہرباں ہو نہ دینا ہے دان کیا

اپنے پرت بندے سوں رہنا دور دور کیا
سے
پیارے
یک دل ہوئے پہ مل کے کمی، نا قصور کیا

ہے نصرتی جگت میں جنم حسن کا بھوکا
ہمیشہ
نعمت تج ایسی پاوے پہ رہے دل صبور کیا
پاکر

کشادہ دیکھ ابرو تج ، مراد اب دل کی منگ لینا
کھڑا ایک دھات رہسی نا گھڑی بھر موج پانی کا
طرح　رہتا نہیں

سکی تج ناز نازل کا نہ صورت لکھ سکے یک مو
دھرے گر سو زباں نازک قلم نقاش مانی کا

ترے غصّے کی باتاں پر بُرا نا مان سوں ہرگز
گر انکھیاں میں تج پَر تو ہے دل کی مہربانی کا
تیری

تو ہے دلدار، نت اچھنا ہے تج میں رسم دلداری
ہونا　تجھ
دوکھانا بیدلاں کے دل روشن نئیں یار جانی کا

چنچل کے دل کوں چرانا سو کچھ ننھا نئیں کام
معمولی
پھبے اسی کوں جنم ہت میں جن پران لیا
کر　ہمیشہ　ہاتھ　جان

مج نظر میں دن تے لاگے رات خوش
سے
مل رہوں جب تل سوں تیرے سات خوش
ساتھ　تم

بھگ رہیا جگ کے میٹھے بولاں تے دل
بھیگ گیا
مکھ تے تج کڑوی بھی سننا بات خوش
سے

تو نجھے جاں تاں مسیحا ہو تو کیا
کر دو، ہو　　تو
تجھ لگے جم جم ملن کی گھات خوش

پا گیا میرے نصیبوں کا لکھیا
لکھا
کھول دیکھو اے گن بھری تج بات خوش

چندر بدن کہا، تو کہی مکھ سنبھال بول

سورج مکھی کہا، تو کہی یوں نہ گھال بول

دونوں تجے نکوں تو سکھی کہہ تو کیا کہوں
نہ کہوں
کہی اس بہشتِ حسن کوں جم جگ اُجال بول
تو ہمیشہ

بولیا کہ کعبہ دل ہے تو دل توڑنا حرام

بولی بتاں کی بٹ تے ٹوٹے تو حلال بول

بولیا کہ دیکھنے میں ترے طبع تازہ ہوتے
اے نصرتی تو ایسے میں نازک خیال بول

تجھ قد کے ایک الف نے کیا نیہہ کا علم بس
عشق
کیوں پڑھ سکوں او ناز کا مشکل کتاب میں
کیونکر

ہر کیوں چلا لے آج مرے باد لے سخن
ہر کوئی
بے سدھ ہوا ہوں پی کے برہ کا شراب میں

ہوئیں مست تج نین تے جنم عاشقاں کے من
سے ہمیشہ
جس مے میں تج کرشمہ نہ ہو تو اثر نکو
نہیں

تجھ قد تے بھی نھنا لگے مج چک میں روزِ وصل
سے مختصر میری آنکھ
دستی شب فراق تری زلف تے بڑی
نظر آنے

قرباں ہے دل مرا ترے غمزے کے تیر کا
ہوں میں ہدف دیکھوں تو کہاں بھوں کی تج چڑی
چڑھی ابرو

عالم کی تب سے نصرتی پر وا سٹیا مدام
ترک کی
جب تج شرابِ حسن کی مستی اسے چڑی
چڑھی

اس خام سن میں دیکھو کیا پختگی کا فن ہے
دینے کو وصل کا ہل، لینے کو جی اُتالی
جلدی

برہا کی نس میں غم سوں جلتا ہوں شمع نمنے
رات سے مانند
دکھلا صباح درس کا اے خاورِ جمالی

کڑوے بچن ہنسی میں یوں کہہ چھپا لے جاویں
کرتے ہیں مکھ میٹھا جیوں دارو پی کسالی

رندی کے فن ریا کی باتاں میں کیوں چھپنگے
جو ہے سو عکس دل کا دستا ہے جگ میں حالی
نظر آتا ہے فوراً

سرمست نصرتی سوں چل سی نہ تجھ حریفی
خوباں کی بزم کا ہے وہ رند لا ابالی

کہتے ہیں مج منجم اب تج خطر ہے جیو کا
اگر، راس پر پڑیا ہے یک اخترِ جلالی

اے نصرتی بجا ہے تج رنگ برنگ خیالاں
بے خود ہے تو ازل سے پی جام لا یزالی

دیکھو سکھیاں میرا پیا کس سیج رہتا ساد سے
نظر آئے
مج چھوڑ کر وقت آپنا بھی کیں گماتا ساد سے
گنواتا

کشتی مری امید کی تھی برہ کے طوفان میں
تس پر مدن گرداب ہو پھر پھر ڈباتا ساد سے
محبوب

کنے قید کر سکے مج اہوں رند لا اوبالی
کون ہوں
پھروں نت جہاں، لون ہو مراکیں مقام نیں ہے
نہیں کہیں

بستا ہے ترا مکھ سکی مج دل کی نظر میں

کیا غم ہے جو مج چک کی پلک پر پلک آوے
آنکھ

اے نصرتی عشاق نہ معشوق تے پھرسی
سے بدل جانا
ہر چند اگر ہم سوں پھرانے فلک آوے
کو

# ہاشمی بیجاپوری

نام : سید میراں ۔ عرف میاں خاں ۔ تخلص ہاشمی ۔ کہیں کہیں ہاشم بھی ملتا ہے۔

پیدائش: ۱۰۳۵ھ مطابق ۱۶۲۵ء کے لگ بھگ ؛ وفات ۱۱۰۹ھ مطابق ۱۶۹۷-۸ء ۔ مہدوی فرقے سے تعلق تھا اور ہاشمی تخلص اپنے مرشد شاہ ہاشم مہدوی کے ارشاد کے مطابق اختیار کیا تھا۔

ہاشمی کے حالاتِ زندگی ابھی تک مکمل طور پر دستیاب نہیں ہیں۔ اس کے کلام میں جو اشارے ملتے ہیں ان کے مطابق کہا جاتا ہے کہ اس کا اصل وطن برہان پور تھا۔ لیکن قیام بیجاپور میں رہا اور وہیں اس کی وفات ہوئی۔

ہاشمی بیجاپوری عادل شاہ ثانی کے عہد کا ایک اہم شاعر اور نصرتی کا ہمعصر تھا۔ یہ ثابت نہیں ہے کہ دربار شاہ سے اس کا تعلق تھا۔ اپنے زمانے کے دو امیروں سے اچھے تعلقات تھے ان میں سے ایک دربار بیجاپور سے متعلق تھا اور دوسرا مغلیہ حکومت سے۔

ہاشمی نابینا تھا اور اپنی اس محرومی کا ذکر اس نے اکثر اپنے اشعار میں بھی کیا ہے۔ لیکن اس کے اشعار میں مناظر فطرت کی تصاویر اپنے تمام جمال و دلکشی کے ساتھ نظر آتی ہیں اور مختلف رنگوں کا جس انداز سے اس کے اشعار میں بار بار ذکر آیا ہے اس سے یہ احساس ہوتا ہے کہ وہ پیدائشی نابینا نہیں تھا۔ حسن و رنگ کو اس کی آنکھوں نے دیکھا ضرور تھا۔

ہاشمی ایک پرگو شاعر تھا۔ لکھنا پڑھنا بالکل نہیں جانتا تھا۔ اس کی شاعری اس کے دل کی آواز تھی۔ اس کی شاعری کا بنیادی موضوع عشق ہے اور سادگی اور حقیقت پسندی

اس کے اشعار کی خصوصیت۔ اس نے اپنے معاشرے اور ماحول کی بڑی سچی عکاسی کی ہے۔ یہ شاعری گجراتی اور قدیم دکنی زبان میں ہے لیکن کہیں کہیں فارسی کی مدد سے ظہور میں آنے والی مستقبل کی زبان اردو کی واضح نشاندہی ہوتی ہے۔ ہاشمیؔ اردو کا پہلا شاعر ہے جس نے ریختی کو ایک صنفِ سخن کی شکل میں پیش کیا۔ دکنی شعرا نے عموماً ہندی شاعری کے بہے کی پیروی کی جس کی خاص روایت عورت کی طرف سے جذبات کا اظہار تھا۔ قدیم دور کے تقریباً ہر دکنی شاعر کے کلام میں اس کی مثالیں ملتی ہیں۔ ہاشمیؔ نے اُس زمانے کی عورتوں کی مخصوص بولی اور محاورے بھی اپنے اشعار میں استعمال کیے۔ اس سے پہلے کسی شاعر نے اُس دور کی عورت کے دُکھ درد، اس کی سوچ کے انداز اور اس کی زندگی کو اتنی تفصیل سے پیش نہیں کیا تھا۔ اس لیے وہ اردو کا پہلا ریختی گو شاعر کہا جاتا ہے۔

نابینا ہونے کے باوجود ہاشمیؔ نے دور دراز کے مقامات کے سفر کیے اور اپنے اشعار میں اُن شہروں کا ذکر کیا ہے۔ ایک مسلسل غزل احمد آباد کی تعریف میں بھی ملتی ہے۔ اپنے مرشد شاہ ہاشم مہدوی کی فرمائش پر اُس نے مثنوی "یوسف زلیخا" لکھی۔ جو اُردو کی بہترین مثنویوں میں سے ایک ہے اور جسے ہاشمیؔ کا کارنامہ کہا جاتا ہے۔ اس مثنوی کی تصنیف کے وقت وہ بصارت سے محروم ہو چکا تھا۔

مثنوی 'یوسف زلیخا' کے علاوہ 'دیوانِ ہاشمیؔ' اور کچھ قلمی بیاضیں بھی اس کی یادگار ہیں۔ قصائد بھی لکھے ہیں۔ اُن کی زبان میں ہندی، فارسی اثرات کے ساتھ گجراتی کی چھاپ بھی ملتی ہے۔

یہ انتخاب 'ہاشمیؔ بیجاپوری' مرتبہ محمد احسان اللہ خاں (مطبوعہ ۱۹۸۲ء، فیصل ٹاؤن لاہور) سے کیا گیا ہے۔

---

# انتخاب کلام

دیکھ چاند، چاند کے تئیں شرموں سے گل پڑے گا
شرم
سورج بھی دیکھ یکہ رشکوں سے جل پڑے گا
رشک

آنگن میں کی کھڑے ہو، جیوں شمع پر پتنگ ہو
کیوں
یوں دیکھ ہر ستارا تم نا پہ ڈھل پڑے گا
تم پہ

بیٹھی نہ مِل سجن سوں، یک بات نئیں کئے ہنس
تو لگ ہوا نقارہ لشکر کی کھلبلی کا

جھلک سورج سے فاضل ہے سورج سے گال والی کا
بھکاری ہو منگے لالی شفق، لب لال والی کا

ہری چولی کی کیا تعریف کروں اودی ڈورا اس کا
تو گوری خوب لگتا ہے یو تہبند لال اطلس کا

پھونک پھونک رکھتی پاؤں میں ہوریں تمن کرتے ستم
کل ار گچھے لوگاں میں چپ کیا بھیجنے کا تھا گلاب
اتنے لوگوں وجہ

تیری جوانی دیکھ کر رشکوں بڈھا ہو کانپتا
باور نہیں تو دیکھ تو پانی میں تھر تھر آفتاب

تیراں چلا پلک کے مارے ہیں سب جگت کو
بھوت ناز کا لئے ہیں تروار چاند صاحب
بہت تلوار

تمیں گئے پر میں اوڑھی نئیں نوی جھلکاٹ کی چادر
تمہارے جانے کے بعد نئی چمک دمک
پھٹی ہوئی اوڑھ لی ہیں جو پرانی پاٹ کی چادر

ساقی چلے ہیں کیوں دیکھو تن من مرا پامال کر
کالی بلا سی رات کو سینے پہ گئے ہیں ڈال کر

ترس میرا ذرا تم کو خدا کی سوں نہیں ہاشم
قسم
گنہ کیا ہے کہو میرا، لیتے ہو تم کسو کرتی ہوں
کہتے ہو

بھنواں دھنک چڑھلنے رکھے نین کے خنجر
بھنویں
ہاشم کوں مارنے کا نشانہ کیے موہن
محبوب

اے ہاشمیؔ خوشی سے کہتی ہوں تجھ مکرّر
آکر پیا ملے سو آیا ہے راج مج کوں

روں روں میں ناؤں پیو کا بھر کر رہا ہے میرے
رواں رواں نام پی
اس یاد کے بغیر او پھیکا ہے کاج مج کوں

گدا ہو کر منگوں گی یوں مرا سب کام ہونے گا
سخن اب شاہ ہاشم سے درس کا دان جو پاؤں
درشن بھیک

تجھ بن پیا یک تل مجھے کس ٹھار پر گمتا نہیں
لمحہ کس جگہ گزرتا
رو رو فراقوں رات دن یو دکھ بھلانا کو لگوں
کب تک یہ

کیا مج پرکھنے کے بدل برہا کسوٹی لانے ہو
بدلے
سو بار یوں ازمانے پر بھی آزمانا کو لگوں
کب تک آزمانے

کاں بھاگنا بولو ایتا اُجڑی جلے اس بھاگ سوں
کہاں اتنا تقدیر سے
جلنا پڑا ہے رات دن اس بے کلی کی آگ سوں

پیا جو کچھ کہیں گے تو کہوں گی یونچہ ہے صاحب
یونہی
سخن اس کا اڑاؤں نا میں سب تکرار چھوڑی ہوں

اگر لاویں گے سوکن کو، رہوں گی اُس کی باندی ہو
بی بی آئی پکارونگی میں سب انکار چھوڑی ہوں

پکاریاں کوئلاں بن میں پیا اب آئیں گے گھر کوں
جھلک بجلیاں اٹھیاں گگن میں پیا اب آئیں گے گھر کوں

درسن دکھا کے مجھ کو دوا نہ کیے موہن
محبوب
پلکوں کو تیر سانند نشانہ کیے موہن
مانند

کہو کوئی ہاشمی کو جا، ابتا آنا جو بھاتا نئیں
اب
خدا کی سوں کٹھن رت ہے شتابی آؤ ساون میں

اتا ساقی ملیں گے تو مرا سب حال بولوں گی
اب
میں بچھڑی سو جیو میرا ہوا پامال بولوں گی

سجن آوے تو پردے سوں نکل کر بھار بیٹھوں گی
سے ہاتھ
بہانہ کر کے موتیاں کا پرونی ہار بیٹھوں گی
موتیوں

اس عشق کے دریا منے طوفان غم کا زور ہے
میں
یارب تو جیوں تیوں پار کر کشتی یو میرے آس کی
یہ

میری تو اوڑھنی سر کی پیا نے ڈھیٹ ہو کھینچی
سو ٹکڑے ہو کے رہ گئی بے کناری ہاتھ میں میرے

اے چاند گورا قد ترا، چادر تگٹ کی یوں دسے
زری نقرئی
جیوں چاند، تارے چھاپ کر اوڑھا ہے تن بھر اوڑھنی

میں رات اور سورج شفق یک ٹھار دیکھا ہوں عجب

جگہ

کالیاں پٹیاں ، گوراچہ موں ہور لال سر پر اوڑھنی

سیاہ زلفیں    منہ    اور

کریو بات مشہور ہر ٹھور ہے

جگہ

گسے مال جس کا وہی چور ہے

# قاضی محمود بحری

نام قاضی محمود۔ تخلص بحری۔ والد کا نام بحر الدین تھا۔ تاریخ پیدائش معلوم نہیں ہو سکی۔ تاریخ وفات ۱۱۳۰ھ مطابق ۱۷۱۸-۱۷۱۷ء عمر نوّے سال سے زیادہ پائی۔

بحری عہدِ اورنگ زیب کے شاعر ہیں اور ولی کے ہم عصر۔ بلکہ اُن سے کسی قدر قدیم ہیں۔ انھوں نے تین تصانیف اپنی یادگار چھوڑی ہیں۔ ایک "دیوان غزلیات" دوسری مثنوی "من لگن"، اور تیسری "بنگاب نامہ"، چند مرثیے اور قصیدے بھی ملتے ہیں۔

بحری دکن کے صوفی منش اور اہلِ حال وقال بزرگ تھے۔ موضع گوگی کے رہنے والے تھے۔ جہاں ان کا مقبرہ اب بھی موجود ہے۔ اور ہر سال دسویں شوال کو عرس ہوتا ہے۔ کچھ عرصہ بیجاپور میں ان کا قیام رہا۔ سکندر عادل شاہ سلطان بیجاپور اُن کے حلقۂ ارادت میں شامل تھا۔ بیجاپور کی سلطنت کے زوال کے بعد وہ حیدرآباد پہنچے۔ اس وقت تک وہ اُردو اور فارسی میں بہت سی مثنویاں، غزلیں، رباعیاں اور قصیدے تصنیف کر چکے تھے۔ حیدرآباد کے سفر میں ڈاکوؤں نے ان پر حملہ کیا اور دوسرے سامان کے ساتھ اُن کا کلام بھی اس حادثے کی نذر ہوا۔ اس حادثے کے بعد شہر کے امیر کی درخواست پر مثنوی "من لگن" تصنیف کی۔ اس تصنیف میں تصوف کے مضامین ہیں۔ اور اُن کے عہد کی معاشرتی اور اخلاقی حالت کا خاکہ بھی ملتا ہے۔

کچھ عرصہ کے بعد بحری حیدرآباد سے اپنے وطن گوگی واپس چلے گئے۔ ۱۱۳۰ھ میں

ان کا انتقال ہوا۔

بحری فنِ شاعری میں کسی کے شاگرد نہیں تھے۔ چونکہ روشن ضمیر صوفی بزرگ تھے اس لیے اُن کی شاعری میں صوفیانہ اصطلاحات ملتی ہیں۔ شاعری کی روایت کے مطابق عشقِ مجازی کے مضامین بھی نظر آتے ہیں۔ لیکن زیادہ تر مذہبی اور صوفیانہ مضامین نظم کیا کرتے تھے۔ اور یہ بھی اُن کے غیر معروف رہنے کی ایک وجہ ہے۔ اُس زمانے میں لوگوں کے دلوں میں اِس قسم کی شاعری کی قدر و منزلت نہیں تھی۔ دیوان میں ایک غزل صنعتِ غیر منقوطہ میں ہے جس سے معلوم ہوتا ہے کہ بحری کو الفاظ و زبان پر قدرت کامل حاصل تھی۔

بحری اپنے وطن اور گرد و نواح کے علاقے میں ایک شاعر کی حیثیت سے نہیں بلکہ ایک خدا رسیدہ بزرگ کی حیثیت سے اس زمانے میں بھی مشہور تھے۔ اور اب بھی عقیدت مند عرس کے موقع پر ان کے مقبرہ پر حاضر ہوتے ہیں۔

یہ انتخاب کلیاتِ بحری مرتبہ ڈاکٹر محمد حفیظ سیّد (مطبوعہ ۱۹۳۸ء مطبع نول کشور لکھنؤ) سے کیا گیا ہے۔

# انتخابِ کلام

اے جو تجھ تے جلوہ گر یو جیو اور یو تن ہوا
　　　　　　سے　　　یہ　قل　یہ

تن ہوا جیوں جیو کوں، یوں جیو تجھ درپن ہوا
　　　　　　　کو　　　دل　　　آئینہ

آجکل مے معرفت پینے کوں اے بحری تجے
　　　　　　　　　　کو　　　　　　تجھے

یوچ من ساقی بھیا، ہور یوچ تن بر تن ہوا
یہی　　　　　　ہوا　اور یہی

محمدؐ گر مدد ہوگا ہمارا

سکل دُکھ درد، رد ہوگا ہمارا
سب

جب دُکھ ترا اے من موہن مجھ جیو پر بھاری ہوا
　　　　　　من موہن

تب مرگ مجھ ہلکا دسیا، ہور جیونا بھاری ہوا
　　　　　نظر آیا　اور جینا

پیتا ہے مل شراب رقیباں سوں رات دن

گر محتسب دھرے تو کہو کس سوں بولتا
　　　　　　　　　　سے

تجھ مکھ کے مقابل تو نہ ہرگز چمن آگا
آئے گا
تجھ نین برابر نہ ختن کا ہرن آگا

تجری تو بہشتی ہو، نہ رہ باج طہورا
بغیر
گلزار میں تیرے اگر او گلبدن آگا

مجھ اس مکتب مجازی میں جو عشق استاد نا ہوتا
میرا
تو میرے دل سوں کثرت کا سبق برباد نا ہوتا

درد کیتا کہوں اے جاناں
کتنا
ہے یو بہت جو جیوڑا جانا
یہ جان

یک نکتہ، نکتہ داں کو ہے کافی شناس کا

ئے قصہ خواں نہ بول حکایت قیاس کا

تجری نہ بول حال توکل خدا پہ رکھ

سلطاں کنے سکت نہیں کہنے کوں داس کا

سائیں کا دکھ بن دیئے اس سائیں کے ممکن نہیں
حالت اس فردوس کا فردوسیاں کوں پوچھنا

چاند کوں دیکھے پہ جھلکاراں ترے آتے ہیں یاد
کر جلوے
دیکھ کر تارے پرستاراں ترے آتے ہیں یاد

بولتا ہوں جب، جو میں مل بیٹھ تجہ سوں تمام
بات کے طرزاں و تکراراں ترے آتے ہیں یاد

دلبراں کا اپس کو داس نہ کر
غلام خود
داس ہونا تو دل اداس نہ کر

تیز اس رہ میں اے بجری روا نئیں
نہیں
نظر یک رکھ برے پہ اور بھلے پہ

سجن کے نین کے نازاں، نظر بازاں کوں آتے ہیں
کہ اُن کے نین اُس نیناں سوں جم تعلیم پلتے ہیں
ہمیشہ

عبث سوال نہ کر پائمال اس سوں کہ جن
سے　جو
سٹے صبا کے اوپر آج کے جواب کے تئیں
ڈالے صبح

میں جو تب تھا، سوائے عزیز اب نئیں
او معلم نئیں ہے، او مکتب نئیں
وہ　نہیں　وہ

جاؤں میں اس نگار پر قرباں
اس سلونے سنگار پر قرباں

جن دھتورا دے دل چرائی مرا
دھوکا
اس دغا باز نار پر قرباں

مجھ سے عاشق کو بوالہوس کہتے
عشق کے کاروبار پر قرباں

دلبراں کی تو دوستی معلوم
عاشقاں کے قرار پر قرباں

میں نہ دیکھیا تو کیا ہوا حق کوں
دیکھا / کو
دل مرا دیکھتا ہے نس ہور دِن
رات / اور

بھتری اوّل جو تھا، سو آج بھی ہے
نہ او ظاہر ہوا نہ تھا باطن

عشق بِن عشق کوں علاج نئیں
عشق کے دُکھ کو عشق ہے درشن

زلف کو دیکھ دل دیا دھن کوں
عورت / کو
ناگ خاطر گنوا لیا من کوں
کو

بل بے عارف کے بن جو دیکھیا ہے
یک کلی میں تمام اس بن کوں

ایک تن بیچ یو سکل سنسار
یہ / تمام
ایک من میں ہزار سرپن کوں
سانپ

دیکھیا کہ رات خواب میں یک آفتاب ہوں
دیکھا
مِل بیٹھ بولتا ہوں سخن بے حجاب ہوں

چنچل کے سارے چھند مجھ چھاتی لگے تروار ہو
تلوار　مگر
یو گھاؤ نا ہوسیں بھلے، ناسور ہوں گے پار ہو
یہ　ہوں گے

آج کی دلبری بھی کاری تھی
جیو پر بے دلاں کے بھاری تھی

کل کے دن گے او سب گلہ کرنے
سل ہو سینے میں رات ساری تھی

کیوں لگائی لگن مرے دل کوں
گر نہ اس دل میں دوستداری تھی

صورت چندر بدن کی بسی آرسی منے
آئینہ میں
سو دیکھ سب کہے کہ سسی آرسی منے
چاند　آئینہ　میں

دکھ دل کے دراتا ہوں، سن اے مخلص جانی
دہراتا ہوں
آرام کہانی ہے نہ یہ رام کہانی

میں اس پہ سر نثار کیا جس کی زلف کا
یک تار دیکھ خلق کی دستار گر پڑے

نئیں طلب تجھ بن ہو جو تیرا ہے اسے
جن ہوا تیرا، بھتیرا ہے اسے
جو بہت

میں جو رویا تو تو سمجھ کہ دھواں
بے سبب آنکھ کوں رلاتا ہے
کو

آگ کا ڈر اسے ہے اوّل تے
گھر جکوئی گھاس کا بنداتا ہے
جو کوئی بناتا

دیکھنا عاشقاں کی خواری پر
اے سجن نئیں تجھے سہاتا ہے

خود
سب وقت ٹالتے ہیں اپس کوں سنوارتے
نئیں آو تے، جو آئے تو یک پل نہ ٹھارتے
نہیں آتے ٹھہرتے

اس گلبدن پہ دل ہے ہمارا کہ جس دعا
کرتے ہیں بلبلاں تو گلاں ہت پسارتے
بلبل گل ہاتھ پھیلاتے

یاراب ہے سو کچھ عجب ہے رے
اب جو سب ہے سو کچھ عجب ہے رے

ایک کچھ بولتا ہے، اک خاموش
پن طلب ہے سو کچھ عجب ہے رے
مگر

رنگ اچھو، زلف اچھو، اد زیبا خال
اچھا
اد جو چھب ہے سو کچھ عجب ہے رے
وہ

مل جائیں چمن دیکھنے ساقی کہ ہوا ہے
ہنگام نوا، روپ نوا، رنگ نوا ہے
نیا نیا نیا

بھر جام مرا مے سوں، کہ مے نئیں تو مروں گا
کہتے ہیں حکیماں کہ ضرورت کوں دوا ہے

میں جام کوں، ہور جام کے منکر کوں کہوں کیا
خورشید کے برعکس اگر ہے تو توا ہے

# شاہ مبارک آبرو

نام نجم الدین شاہ مبارک عرف اور تخلص آبرو تھا۔ مشہور صوفی بزرگ محمد غوث گوالیاری کے پوتے تھے۔

پیدائش ۱۰۹۶ھ مطابق ۱۶۸۴ء کے لگ بھگ، وفات ۱۱۳۶ھ مطابق ۱۷۳۳ء گوالیار میں پیدا ہوئے۔ خان آرزو کے رشتہ دار اور شاگرد تھے۔

آبرو کے حالات زندگی کے بارے میں معلومات ناقص ہیں۔ دہلی میں سکونت اختیار کر لی تھی اور وہیں انتقال ہوا۔

آبرو کی حسن پرستی کی بڑی شہرت تھی حسینوں کی آرائش کے بارے میں ڈیڑھ سو اشعار کی مثنوی بھی لکھی ہے۔ محمد شاہ کے عہد میں درویش منش اور قلندر مشرب ہو گئے تھے۔

آبرو کا شمار شمالی ہند میں اردو کے اولین شاعروں میں ہوتا ہے۔ کہا جاتا ہے کہ آبرو کا دیوان شاہ حاتم کے دیوان سے بہت پہلے مرتب ہو چکا تھا۔ پروفیسر مسعود حسن رضوی کی تحقیق کے مطابق فائز دہلوی کو شمالی ہند کا پہلا صاحب دیوان شاعر کہا جاتا ہے۔ ڈاکٹر محمد حسن دیوان آبرو کے دیباچے میں آبرو کے دیوان کو "اردو کا پہلا مستند دیوان" کہتے ہیں۔

آبرو کے کلام کا مطالعہ شمالی ہند کے قدیم ترین شعری مجموعہ کا مطالعہ ہے۔ اور تاریخی اور ادبی دونوں حیثیتوں سے نہایت اہم ہے "

آبرو کے اشعار میں ایہام ہے۔ اس زمانے میں رعایتِ لفظی کو سخن کا حسن سمجھا جاتا تھا۔ لیکن ایہام گوئی کے باوجود ان کے یہاں جذبات کا بے ساختہ اظہار بھی ملتا ہے۔ ان کے اشعار میں ایک ایسا انسان ملتا ہے جو سچا اور صاف گو ہے۔

شاہ مبارک آبرو کے اشعار میں بڑی نغمگی ہے اور یہ اشعار اپنے عہد کی زبان اور مزاج دونوں کی نمائندگی کرتے ہیں۔

یہ انتخاب "دیوانِ آبرو"، مرتبہ ڈاکٹر محمد حسن (شعبۂ اردو جواہر لال نہرو یونیورسٹی دہلی) سے کیا گیا ہے۔

# انتخابِ کلام

آیا ہے صبح نیند سے اٹھ رسمسا ہوا
جامہ گلے میں رات کے پھولوں بسا ہوا

اے آبرو اول سیں (سے) سمجھ پیچ عشق کا
پھر زلف سیں (سے) نکل نہ سکے دل پھنسا ہوا

جدائی کے زمانے کی سجن کیا زیادتی کہیے
کہ اس ظالم کی جو ہم پر گھڑی گذری سو جگ بیتا

لگا دل یار سیں (سے) تب اس کو کیا کام آبرو سیتی (سے)
کہ زخمی عشق کا پھر مانگ کر پانی نہیں پیتا

مل گیا تھا باغ میں معشوق اک نک دار سا
رنگ و بو میں پھول کی مانند سج میں خار سا

اگر انکھیوں سیں آنکھوں کو ملاؤ گے تو کیا ہوگا
تے
نظر کر لطف کی ہم کو جلاؤ گے تو کیا ہوگا

تمہارے شوق میں ہوں جاں بلب اک عمر گزری ہے
اگر اک دم کوں آکر مکھ دکھاؤ گے تو کیا ہوگا
کو

جگت کے لوگ سارے آبرو کو پیار کرتے ہیں
اگر تم بھی گلے اس کو لگاؤ گے تو کیا ہوگا

بے تابیٔ دل آج میں دلبر سے کہوں گا
ذرے کی تپش مہر منور سے کہوں گا

جو رام ہوا تس کے نہ کر جان پہ سختی
یوں اس بتِ سنگیں دل و کافر سے کہوں گا

ترے مژگان و ابرو کے مقابل حال مجھ دل کا
وہی ہے جو کماں اور تیر آگے ہو نشانے کا

عزالاں آبرو کر چاک دل مدت سوں نکلا ہے
کہو کیا حال ہے دشتِ جنوں میں اس دوانے کا

رفتار بیچ جبکہ ادا سیں لٹک گیا
بے اختیار تب سیں مرا جی اٹک گیا

شاید ہمارے جی کی کشش نے اثر کیا
جاتا تھا جلد دیکھ کے ہم کو ٹھٹک گیا

دل یوں ڈرے ہے زلف کا مارا وہ پھونک سیں
رسّی سیں اژدہے کا ڈرے جو ڈسا ہوا

ہم سے چرائیں اور سے انکھیاں ملا گیا
ظالم کسی کو مار کسی کو جلا گیا

دل بیچ کھب گیا ہے تیری کمر کا کسنا
ٹیکے کے آنچلوں کا کیا اس طرح ارسنا

پھر پھر کے دیکھ ہم کو کیا مسکراؤ تے ہو
مدّت میں آ پڑا ہے یہ اتفاق ہنسنا

ہر گدا گوشۂ قناعت میں
شاہ ہے ملک بے نیازی کا

چھوڑ دے دنیا کے تیئں، حاصل کیا تو کیا ہوا
ساتھ کچھ جانے کا نئیں، سب کچھ لیا تو کیا ہوا

شعر کو مضمون سیتی قدر ہو ہے آبرو
قافیہ سیتی ملایا قافیہ تو کیا ہوا

کیونکہ اب رم کر سکو گے ہم سے تم اے من ہرن
اب تو ہم نے تم سیتی باندھا ہے اپنا جوڑا

نین سیں نین جب ملائے گیا
دل کے اندر مرے سمائے گیا

نگہہ گرم سوں مرے دل کوں
خوش نین آگ سی لگائے گیا

تیرے چلنے کی سن خبر عاشق
یہی کہتا موا کہ ہائے گیا

سہو کر بولتا تھا ہمنا سیں
ہم
بوجھ کر بات کو چبائے گیا

یوں تڑ پھڑا دُتا ہے دل شوق میں ہمارا
آتش کے بیچ ہو ہے جوں بے قرار پارا

رونے سے سوز غم کا گھٹتا نہیں ہے ہرگز
پانی سیتی یہ دل کا بجھتا نہیں انگارا

مرتا ہوں میں خمار میں ساقی شراب لا
لاگی ہے پیاس، جیو جلا ہے شتاب لا

چوپڑ کے کھیلنے کا سارا ہے یہ خلاصا
شاید کبھی وہ لڑکا بیٹھے ہمارے پاس آ

یہ شعلہ عشق کا حسنِ ازل کا نور ہے گویا
جلا ہے جب سے سینہ تب سے کوہِ طور ہے گویا

میں اسی کو ولی کہوں جگ میں
عشق کا پار جو کرے کھیوا

انکھیوں میں کیا بلا کچھ وحشت ہے میرے صاحب
دیکھے سوں جن کے دل میں دہشت ہے میرے صاحب

زلفاں کے تئیں نہ دیکھا مدت ہے میرے صاحب
یہ بخت کی ہمارے شامت ہے میرے صاحب

اِک بار ہنس کے ہم سے تم اپنے جی سے بولو
اتنی ہی میرے دل میں حسرت ہے میرے صاحب

جس رات تو ملا تھا سجن تھی وہ شب عجب
دیکھے تھے اس میں ہم نے تماشے عجب عجب

حُسن کا ملک ہم نے سیر کیا
کہیں دیکھی نہ پیار کی صورت

کچھ ٹھہرتی نہیں کہ کیا ہوگی
اس دلِ بے قرار کی صوَرت

عاشقاں کے بیچ مت لے جا دلِ بے شوق کوں
شیشۂ خالی کو کیا عزت ہے مے خواروں کے بیچ

رو برو اور آنکھ اوجھل ایکساں ہو جس کا پیار
اس طرح کا کم نظر آیا کوئی یاروں کے بیچ

جان اگر دشمن ہوئے ہو تم ہمارے اس قدر
تو ہمارے دل میں کیوں لگتے ہو پیارے اس قدر

جس قدر ہیں مجھ جگر میں داغ تیرے مہر کے
آسماں اوپر نہیں اے ماہ تارے اس قدر

بے رحم و بے وفا و تنک رنج و تند خو
تجھ کو ہزار ناؤں سجن دھر گئے ہیں ہم

مت مہر سیتی ہات میں لے دل ہمارے کوں
جلتا ہے کیوں پکڑتا ہے ظالم انگارے کوں

میں آ پڑا ہوں عشق کے ظالم بھنور میں آج
ایسا کوئی نہیں کہ لگا دے کنارے کوں

کرتی ہیں ہر نگہ میں وار انکھیاں
لگتی ہیں دل میں جوں کٹار انکھیاں

خواب میں دیکھنے کو تیرے تئیں
نیند لیں بخت سے ادھار انکھیاں

گلی اکیلی ہے پیارے اندھیری راتیں ہیں
اگر ملو تو سجن سو طرح کی گھاتیں ہیں

دیکھ دل کے شوق کی سرشاریاں
مست ہو کلیاں چمن میں جھومیاں

ہاتھ آوے اگر جو عمرِ خضر
بیٹھ کر اس کا انتظار کروں

جنگ کا وقت نہیں یہ پیارے
گھر میں آئے ہیں مدارات کرو

مرتا ہوں میرے حال پہ یارو نظر کرو
ٹک جا خدا کے واسطے اس کو خبر کرو

اے نالہ ہائے شوق اگر تم میں درد ہے
اس بے وفا کے دل میں بھی جا کر اثر کرو

ٹک واسطے خدا کے مرا عجز جا کہو
بے کس کہو، غریب کہو، خاکِ پا کہو

کہنا کہ غائبانہ مجھے مت بُرا کہو
کہنا جو کچھ کہ ہو سو مرے منہ پہ آ کہو

یارو ہمارا حال سجن سے بیاں کرو
ایسی طرح کرو کہ اُسے مہرباں کرو

نپٹ یہ ماجرا یارو کڑا ہے
مسافر دشمنوں میں آ پڑا ہے

تمھارا دل اگر ہم سے پھرا ہے
تو بہتر ہے ہمارا بھی خدا ہے

جس قدر کرتے ہیں خرچ اخلاص کم ہوتا نہیں
آبرو گنج رواں ہے جگ میں مال دوستی

پھرتے تھے دشت دشت دوانے کدھر گئے
وہ عاشقی کے ہائے زمانے کدھر گئے

گر دو کے شوق میں نہ ہمیں در بدر گئے
اس عاشقی کے بیچ ہزا روں کے گھر گئے

یوں آبرو بناوے دل میں ہزار باتیں
جب رُو برُو ہو تیرے گفتار بھول جاوے

# نواب صدرالدین محمد خاں فائز

نام نواب صدرالدین محمد خاں۔ تخلص فائز۔ ولادت ۱۱۰۲ھ مطابق ۱۶۹۰ء کے لگ بھگ
وفات۔ ۱۱۵۱ھ مطابق ۱۷۳۹ء۔

فائز دہلی کے ایک ذی علم، عالی مرتبت اور خوش حال خاندان سے تعلق رکھتے تھے۔ ان کے بزرگ کئی پشتوں سے ایران اور ہندستان میں بڑے بڑے مناصب حاصل کرتے آئے تھے فائز کے دادا ایران کے صفوی بادشاہ شاہ عباس اعظم کے اتالیق رہے تھے۔ فائز کے دادا علی مردان ایران میں شاہی عتاب کے سزاوار ٹھہرے تو ہندستان آکر شاہجہاں کی پناہ حاصل کی۔ شاہجہاں نے اُن کی بڑی قدر کی اور دربار میں اعلیٰ عہدہ عطا کیا۔ لاہور کی صوبہ داری بھی حاصل ہوئی۔ علی مردان کے بیٹوں نے بھی مغل بادشاہوں کے عہد میں اعلیٰ مراتب حاصل کیے فائز کے والد زبردست خاں جن کا اصلی نام محمد خلیل تھا، عالمگیری اور جہاندار شاہی عہد کے بڑے امراء میں تھے۔

فائز کا آبائی وطن ایران تھا لیکن ان کے بزرگوں کی تین پشتیں ہندستان میں گزر چکی تھیں۔ جو ملازمت کے سلسلے میں ہندستان کے مختلف شہروں میں قیام کرتے رہے تھے۔ فائز کی مستقل سکونت دہلی میں رہی۔ انھوں نے ایک مثنوی بھی شاہجہاں آباد (دہلی) کی تعریف میں لکھی ہے

فائز کو اُن تمام مشاغل سے بھی دلچسپی رہی جو اُس زمانے میں امیری کے لوازم سمجھے جاتے تھے۔ اور ساتھ ہی انھوں نے اپنے خاندان سے علم و فضل کی دولت بھی ورثے میں پائی

تھی۔ انھیں مطالعہ کا بہت شوق تھا۔ اور مختلف موضوعات پر تقریباً ۴۴ کتابوں کے مصنف تھے جن میں ایک "دیوانِ اردو" ہے۔ بقیہ تمام تصانیف فارسی میں ہیں۔ ان کتب کا موضوع زیادہ تر عقائد اور اصولِ دین سے متعلق ہے۔ ریاضیات اور ہیئت میں بھی فائز کو دست گاہ تھی۔

فائز اردو اور فارسی دونوں زبانوں میں شعر کہتے تھے۔ قصیدہ کبھی نہیں لکھا مختصر مثنویاں لکھی ہیں جن کی تعداد کو کہا جاتا ہے کہ ان کی غزلوں سے زیادہ ہے۔ فائز نے اپنے کلیات کا ایک طویل اور عالمانہ مقدمہ تحریر کیا ہے جو خود بھی ایک مستقل تصنیف کی حیثیت رکھتا ہے اور "خطبۂ کلیات" کے نام سے طبع ہوا۔ یہ خطبہ ان کی استعداد علمی، وسعت نظر اور اعلا ذوقِ سخن کا ثبوت فراہم کرتا ہے۔

شمالی ہند کے اردو شعرا میں جن کا حال اب تک معلوم ہو چکا ہے اور جن کا کلام موجود ہے، ان میں شاید فائز سے زیادہ قدیم کوئی نہیں ہے۔ میر جعفر زٹل (یا زٹلی) فائز سے قدیم تر تھے، لیکن اُن کا شمار سنجیدہ شعرا میں نہیں کیا جا سکتا۔ اس لیے فائز کو شمالی ہند میں اردو کا پہلا صاحب دیوان شاعر بھی کہا گیا ہے۔ اس کے علاوہ بھی فائز کی شخصیت اور شاعری میں ایسی امتیازی خصوصیات موجود ہیں جن کی وجہ سے اُردو شاعری کی تاریخ میں وہ ایک بلند مقام کے مستحق ہیں۔ انھوں نے اپنے زمانے کی روش کے مطابق ایہام گوئی اختیار نہیں کی۔ وہ تلاش مضمون کے قائل نہیں تھے۔ ان کے کلام میں بے ساختگی ہے، سادگی اور سچائی ہے۔ اشعار صاف اور رواں ہیں اور اُن کی شاعری میں مقامی رنگ بھی ملتا ہے۔ فائز کی غزلوں کا عام موضوع حسن اور محبت ہے۔ وہ بات سیدھے سادے اور بے تکلف انداز میں کہہ دیتے ہیں۔ ان کی اکثر غزلوں میں مسلسل غزل کا انداز بھی ملتا ہے۔

آخر عمر میں مالی بے اطمینانی اور طویل بیماری کے باعث خانہ نشیں ہو گئے تھے۔ اہلِ زمانہ کی روش سے بیزار ہو کر لوگوں سے ملنا جلنا بہت کم کر دیا تھا۔

یہ انتخاب ''دیوانِ تاباں'' مرتبہ سیّد مسعود حسن رضوی ادیب (مطبوعہ انجمن ترقی
اردو ہند علی گڑھ) سے کیا گیا ہے۔

# انتخابِ کلام

اے خوب رو، فرشتہ سیر، انجمن میں آ
سروِ روانِ حسن ہمارے چمن میں آ

منہ باندھ کر کلی سا نہ رہ میرے پاس تو
خنداں ہو کر کے گل کی صفت ٹک سخن میں آ

عشاق جاں بکف کھڑے ہیں تیرے آس پاس
اے دل رُبائے غارتِ جاں اپنے فن میں آ

ترچھی نگاہ کرنا، کترا کے بات سننا
مجلس میں عاشقوں کی انداز ہے سراپا

پل پل مٹک کے دیکھے ڈگ ڈگ چلے لٹک کر
وہ شوخ چھل چھبیلا طناز ہے سراپا

غمزہ نگہہ، تغافل، انکھیاں سیاہ چنچل
یارب نظر نہ لاگے انداز ہے سراپا

چودھواں اس چندر کا سال ہوا
حسن میں بدر باکمال ہوا

رات دن تو رہے رقیباں سنگ
دیکھنا تیرا مجھ محال ہوا

مجھ پر اے نازنیں جفا مت کر
مبتلائے غم و بلا مت کر

کون بے درد نے سکھایا تجھ
کہ مرے درد کی دوا مت کر

سیر دن کا تجھے مناسب ہے
کسی کے رات کو رہا مت کر

مجھ وفا پیشۂ جفا کش پر
اتنا اے بے وفا ستم مت کر

سخت کافر ہے وہ اُدھر می آہ
جن سکھایا تجھے کرم مت کر

مت رقیباں کی دھر گلی میں قدم
مجھ پہ اب ظلم ہر قدم مت کر

لطف اپنا مدام عاشق پر
عمر تیری دراز کم مت کر

اے کانِ ملاحت ٹک اِدھر آکے گزر کر
دل خستۂ بیمار پہ اب ایک نظر کر

اے بادِ صبا اس گُلِ خنداں ستی جا کر
دل تنگیٔ عشّاق کی سب آج خبر کر

فائز ترے نظارے اُپر محو ہوا ہے
ہر پل میں تو اے غنچہ دہن رنگ دگر کر

جاگیر اگر بہت نہ ملی ہم کو غم نہیں
حاصل ہمارے ملک قناعت کا کم نہیں

خوش صورتاں سے کیا کروں میں آشنائی اب
مجھ کو تو ان دنوں میں میسّر درم نہیں

دل گنج بخش دکیسۂ خالی ہے مجھ سجن
تم یہ نہ پوچھیو کہ ہمن کو کرم نہیں

جب سجیلے خرام کرتے ہیں
ہر طرف قتلِ عام کرتے ہیں

مکھ دکھا، چھب بنا، لباس سنوار
عاشقوں کو غلام کرتے ہیں

گردش چشم سوں سریجن سب
بزم میں کارِ جام کرتے ہیں

یہ نہیں نیک طور خوباں کے
آشنائی کو عام کرتے ہیں

حسن بے ساختہ بھاتا ہے مجے
سرمہ انکھیاں میں لگایا نہ کرو

تم سے مجھ دل کو بہت ہے امید
مجھ سے مسکین کو کڑھایا نہ کرو

بیدلاں سوں نہ پھرا دو مکھڑا
ہم سے تم آنکھ چرایا نہ کرو

عشق میں قتالِ شیدا ممتاز
اس کو سب ساتھ ملایا نہ کرو

خاکساراں کو نہ کریے پامال
جگ میں فرعوں سی خدائی نہ کرو

اے یار نصیحت کو اگر گوش کرے تو
یہ طور طریق اپنے فراموش کرے تو

دیوانے، سیانے ہوئے سب دیکھ تجھ انکھیاں
یک چشم کی گردش ستی بے ہوش کرے تو

مُنہ پھول سے رنگیں تھا دساری بھی اُس ہری
کھتراتی ایک دیکھی میں پنگھٹ پہ جیوں پری

تری گال مجھ دل کو پیاری لگے
دعا میری تجھ من میں بھاری لگے

بھلا دیوے وہ عیش و آرام سب
جسے زلف سیں بے قراری لگے

بھواں تیری شمشیر زلفاں کمند
پلک تیری جیسے کٹاری لگے

نہ جانوں تو ساقی تھا کس بزم کا
نین تیری مجھ کو خماری لگے

وہی قدر فائز کی جانے بہت
جسے عشق کا زخم کاری لگے

شاہ خوباں ہمیشہ فائز پر
رحم کر رحم یہ قلندر ہے

سجن مجھ پر بہت نامہرباں ہے
کہاں وہ عاشقاں کا قدرداں ہے

سمجھتا ہے ترے اشعار فائز
خدا کے فضل سوں وہ نکتہ داں ہے

مرے دل بیچ نقشِ نازنیں ہے
مگر یہ دل نہیں یا رو نگیں ہے

نظر کر لطف کی اے شاہِ خوباں
ترا فائز غلامِ کم تریں ہے

طور مری عقل و خرد سے ہے دور
مجھ کو سبھی خلق ملامت کرے

چھب ہوئے جس شخص کو تجھ ماہ سی
سرو قد اس بیچ امامت کرے

تجھ بدن پر جو لال ساری ہے
عقل اس نے مری بساری ہے

بال دیکھے ہیں جب سوں ہیں تیرے
زلف سی دل کو بے قراری ہے

اوڑھنی اودی پر کناری زرد
گردِ شب کے سورج کی دھاری ہے

قہر و لطف و تبسم و خندہ
تیری ہر اک ادا پیاری ہے

ترچھی نظراں سوں دیکھنا ہنس ہنس
مورے چال تجھ نیاری ہے

نئیں اثر کرتا صبر کا مرہم
دلِ عاشق میں زخم کاری ہے

گلِ باغِ جنوں ہے رسوائی
عزتِ ملکِ عشق خواری ہے

لیلیٰ مجنوں کا ذکر سَر د ہوا
اب تمھاری ہماری باری ہے

ملنا عاشق سوں ہر بہانے سوں
یہ نصیحت تمن ہماری ہے

خاک سیتی سجن اٹھا کے کیا
عشق نے تیرے سربلند مجھے

نیلم کی جھلک دیتی ہے یاقوت میں گویا
سو تیرے لبِ لعل پہ مستی کی دھڑی ہے

تھے ذکر درازی کے ترے ہجر کی شب کے
کیا پہنچی شتاب آ کے تیری عمر بڑی ہے

سورج کا جلانے کوں جگر، جیوں دلِ فتّانہ
اے نار تو کیوں دھوپ میں سر کھول کھڑی ہے

کوُلاں کے نالے امرائی کے بیچ
اس سمے کی بے قراری یاد ہے

بیٹھ مرے نین کی کشتی میں
سیل انجھواں کی مثلِ دریا ہے
آنسوؤں

چشمِ بد دور تیری انکھیاں کوں
دلِ فائز سوں رمز و ایماں ہے
کو
سے

تجھ بنا دل کو بے قراری ہے
دم بدم مجھ کو آہ و زاری ہے

مجھ کو اوروں سے کچھ نہیں ہے کام
تجھ سے ہر دم امیدواری ہے

آہ کوں دل میں مَیں چھپاتا ہوں
لازمِ عشق پردہ داری ہے

گِرِ رہا تیری راہ پر فائز
عشق کی شرط خاکساری ہے

# میر عبدالحئی تاباںؔ دہلوی

میر عبدالحئی تاباںؔ دہلی کے رہنے والے اور دورِ محمد شاہی کے شعرا میں سے تھے۔ میر صاحب سے لے کر شیفتہ تک جتنے تذکرے اردو شعرا کے لکھے ہوئے ہیں ان سب میں ان کے حسن و جمال کی بے انتہا تعریف لکھی ہے عین عالمِ شباب میں کثرتِ مے نوشی کے باعث انتقال کیا۔

پیدائش ۱۱۲۸ھ مطابق ۱۷۱۵ء کے قریب۔ وفات ۱۱۶۳ھ مطابق ۵۰-۱۷۴۹ء کے قریب تاباںؔ کے تلمذ کو شاہ حاتم اور محمد علی حشمت (شاگرد محمد غنی بیگ) دونوں سے منسوب کیا جاتا ہے۔ لیکن خود تاباںؔ کے اکثر اشعار سے محمد علی حشمت کی شاگردی ثابت ہے۔ دیوان میں غزلوں کے علاوہ رباعیات، مخمس، مسدس وغیرہ بھی موجود ہیں۔

تاباںؔ کا کلام صاف و سادہ اور شیریں ہے۔ تخیل کی بلند پروازی نہیں ہے لیکن زبان اور بول چال کا لطف پایا جاتا ہے۔ اگرچہ تاباںؔ دورِ محمد شاہی کے شاعر ہیں لیکن قدیم الفاظ اور محاورے ان کے کلام میں نسبتاً کم ہیں۔ یہ انتخاب دیوانِ تاباںؔ، مطبوعہ ۱۹۳۵ء مرتبہ بابائے اردو مولوی عبدالحق (انجمن ترقی اردو اورنگ آباد (دکن)) سے کیا گیا ہے۔

# انتخابِ کلام

اے مردِ خدا ہو تو پرستار بتاں کا
مذہب میں مرے کفر ہے انکار بتاں کا

ہوا بھی عشق کی لگنے نہ دیتا میں اسے ہرگز
اگر اس دل پہ ہوتا ہائے کچھ بھی اختیار اپنا

مجھے آتا ہے رونا ایسی تنہائی پہ اے تاباں
نہ یار اپنا نہ دل اپنا نہ تن اپنا نہ جاں اپنا

خزاں تک تو رہنے دے صیاد ہم کو
کہاں یہ چمن پھر کہاں آشیانا

ترے غم سے نسیاں ہے یاں تک کہ مجھ کو
ادھر بات کہنا ادھر بھول جانا

میں اپنے دل کو غنچۂ تصویر کی طرح
یا رب کبھو خوشی سے نہ دیکھا کھلا ہوا

آشنا ہو چکا ہوں میں سب کا
جس کو دیکھا سو اپنے مطلب کا

ہیں بہت جامہ زیب پر ہم نے
کوئی دیکھا نہیں تری چھب کا

جب سے آیا عدم سے ہستی میں
آہ روتا رہا ہوں میں تب کا

میرے روزِ سیہ کو وہ جانے
دکھ پڑے جس پہ ہجر کی شب کا

جدائی سے تری کیا جانیے کیسا الم ہوگا
پہ اتنا جانتا ہوں میں کہ جینا بھی ستم ہوگا

بے تابیوں کا عشق کی کرتا ہے کیوں گلہ
تاباںؔ اگر یہ دل ہے تو آرام پا چکا

جفا سے اپنی پشیماں نہ ہو، ہوا سو ہوا
تری بلا سے مرے جی پہ جو ہوا سو ہوا

جینے کی غافل حرص کیا آخر ملے گا خاک میں
گر چار دن اس دہر کی کھائی ہوا تو کیا ہوا

دل درد اور الم میں گرفتار ہی بھلا
یہ بے نصیب عشق کا بیمار ہی بھلا

کوئی دوسرا مجھ سا ناداں نہ ہوگا
کہ دل دے تجھے پھر پشیماں نہ ہوگا

میں اب جائے مجنوں کے ہوں بعد میرے
پھر آباد ہرگز بیاباں نہ ہوگا

ستم گر کو کیا حال اپنا سناؤں
مرا درد و غم اس سے پنہاں نہ ہوگا

میں ہو کے ترے غم سے ناشاد بہت رویا
راتوں کے تئیں کر کے فریاد بہت رویا

نہ گُل رہے مجھے چمن میں نہ شورِ بلبل تھا
خزاں کو دیکھ کے آیا بہار پہ رونا

غنیمت جان جینا آدمی کا
بھروسا کچھ نہیں اس زندگی کا

نہیں اک لمحہ بے تابی سے فرصت
الٰہی دل لگا تھا کس گھڑی کا

تبسم دیکھ اس غنچہ دہن کا
جگر ٹکڑے ہوا ہے ہر کلی کا

مجھ کو اپنے اشک کے پانی بغیر
نامۂ اعمال کو دھونا نہ تھا

کس کس طرح سے دل میں گزرتی ہیں حسرتیں
ہے وصل سے زیادہ مزا انتظار کا

مجھے ضرور ہے پاس ادب گلی کا تری
سبب نہ پوچھ تو میری برہنہ پائی کا

حرم کو چھوڑ رہوں کیوں نہ میکدے میں شیخ
کہ یاں ہر ایک کو ہے مرتبہ خدائی کا

کسی سے کریئے مروّت نہ اس زمانے میں
کہ اب بُرا ہی نتیجہ ہے یاں بھلائی کا

عجب احوال ہے تاباں کا میرے
کہ رونا رات دن اور کچھ نہ کہنا

جسے لذّت سے درد و غم کے کچھ حاصل نہیں ہوتا
وہ ہرگز زمرۂ عشاق میں کامل نہیں ہوتا

گلشن میں زمانے کے کوئی یار نہ پایا
ہم سب سے ملے ایک بھی غم خوار نہ پایا

کل ہم نے خوب سیرِ جہاں کی چمن کے بیچ
پائی نہ بوِ وفا کی کسی گلبدن کے بیچ

تاباں کسی سے عشق ہمارا چھپا نہیں
آتی ہے بوئے درد ہمارے سخن کے بیچ

روتے عدم سے آئے تھے روتے ہی جائیں گے
ایسا نہیں ازل سے کوئی نوحہ گر کہ ہم

اے بلبلو چمن میں نہ جاؤ گئی بہار
گلشن میں خار و خس کے سوا کچھ رہا نہیں

ہے کیا سبب کہ یار نہ آیا خبر کے تئیں
شاید کسی نے حال ہمارا کہا نہیں

یارب وہ نہیں آتا اور غم کی نہیں طاقت
دن عمر کے کٹ جاویں یا ہجر کی یہ راتیں

سودا میں گزرتی ہے کیا خوب طرح تاباںؔ
دو چار گھڑی رونا دو چار گھڑی باتیں

دلِ مہجور کو قرار کہاں
طاقت و تابِ انتظار کہاں

کوئی دن دیکھنے دے موسمِ گل
ارے صیّاد پھر بہار کہاں

شبِ ہجراں میں تیرے تاباںؔ کا
غم سوا کوئی غمگسار کہاں

وے شخص جن سے فخر جہاں کو تھا اب وے ہائے
ایسے گئے کہ انکا کہیں نام ہی نہیں

میرا ہی خانماں نہیں ویراں ہوا کوئی
بہتوں کی کی ہیں عشق نے خانہ خرابیاں

انجان ہو تو اس سے کوئی دردِ دل کہے
جو جانتا ہو اس کو میں آگاہ کیا کروں

قبلہ : سرکشی کرو حسن پہ اپنے اس قدر
تم سے بہت ہیں کج کلاہ خانہ بخانہ کو بکو

سینہ فگار و جامہ چاک گریہ کناں و نعرہ زن
پھرتے ہیں تیرے داد خواہ خانہ بخانہ کو بکو

مے ہو، چمن ہو، ابر ہو جامِ شراب ہو
یا رب کبھو تو میری دعا مستجاب ہو

لایا ہمارے سر پہ یہ دل کیا خرابیاں
اس خانماں خراب کا خانہ خراب ہو

پھرے ہے ہاتھ سے جس کے یہ خلق فریادی
کیا ہے ہم نے اسے پیار دیکھیے کیا ہو

کرتا ہے گر تو بت شکنی تو سمجھ کے کر
شاید کہ ان کے پردے میں زاہد خدا بھی ہو

تو بھلی بات سے بھی میری خفا ہوتا ہے
آہ کیا چاہنا ایسا ہی برا ہوتا ہے

راہبر منزلِ مقصود کو درکار نہیں
شوق اپنا ہی یہاں راہنما ہوتا ہے

قفس سے چھوٹنے کی کب ہوس ہے
تصور بھی چمن کا ہم کو بس ہے

سفرِ دنیا سے کرنا کیا ہے تاباں
عدم ہستی سے راہِ یک نفس ہے

اس کو آئینہ کب پہنچتا ہے
حسن کی آب و تاب اور ہی ہے

ہجر بھی کم نہیں ہے دوزخ سے
اس سفر کا عذاب اور ہی ہے

یہ سارے خوبرو بیگانہ خُو ہیں
نہیں یہ آشنا ہرگز کسو کے

نہ کہیو مرا سوزِ دل شمع سے
وہ دل سوختہ صبح تک روئے گی

نہ تجھے شرمِ بے وفائی ہے
نہ مجھے طاقتِ جدائی ہے

غزل نما

میرے سیاہ روز کو غمخوار کون ہے
جز، بے کسی رفیقِ شبِ تار کون ہے

دم حباب آسا ہے اور کارِ جہاں بحرِ عمیق
سخت حیراں ہوں کہ اس فرصت میں کیا کیا کیجیے

جو کشتۂ تیغِ نگۂ یار نہ ہووے
یا رب اسے ہرگز ترا دیدار نہ ہووے